本书受中共四川省委党校（四川行政学院、四川长征干部学院）资助

四川推进实现
高水平开放的战略研究

许　彦◎编著

SICHUAN TUIJIN SHIXIAN GAOSHUIPING
KAIFANG DE ZHANLÜE YANJIU

四川大学出版社
SICHUAN UNIVERSITY PRESS

图书在版编目（CIP）数据

四川推进实现高水平开放的战略研究 / 许彦编著
— 成都：四川大学出版社，2022.11
ISBN 978-7-5690-5791-1

Ⅰ. ①四… Ⅱ. ①许… Ⅲ. ①区域经济发展－研究—
四川 Ⅳ. ①F127.71

中国版本图书馆CIP数据核字（2022）第227530号

书　　　名：四川推进实现高水平开放的战略研究
　　　　　　Sichuan Tuijin Shixian Gaoshuiping Kaifang de Zhanlüe Yanjiu
编　　　著：许　彦

选题策划：罗永平　宋　颖
责任编辑：宋　颖
责任校对：张伊伊
装帧设计：墨创文化
责任印制：王　炜

出版发行：四川大学出版社有限责任公司
　　　　　地址：成都市一环路南一段24号（610065）
　　　　　电话：（028）85408311（发行部）、85400276（总编室）
　　　　　电子邮箱：scupress@vip.163.com
　　　　　网址：https://press.scu.edu.cn
印前制作：四川胜翔数码印务设计有限公司
印刷装订：四川五洲彩印有限责任公司

成品尺寸：170mm×240mm
印　　张：13.75
插　　页：2
字　　数：242千字

版　　次：2022年12月 第1版
印　　次：2022年12月 第1次印刷
定　　价：48.00元

本社图书如有印装质量问题，请联系发行部调换

扫码查看数字版

四川大学出版社
微信公众号

前　言

　　党的十八大以来，我国以"一带一路"建设为重点，推动形成了陆海内外联动、东西双向互济的全方位开放新格局。四川省委第十一次党代会将开放合作作为高点起步、高端切入的直接抓手，确定了更高水平推进开放合作的战略目标；四川省委十一届三次全会提出了"四向拓展、全域开放"新谋划，以"突出南向、提升东向，深化西向、扩大北向"为重点，持续拓展四川开放空间，促进开放型经济提质增效。2020年，成渝地区双城经济圈建设上升为国家战略，2021年2月，四川省第十三届人民代表大会第四次会议批准通过《四川省国民经济和社会发展第十四个五年规划和二〇三五年远景目标纲要》，该文件明确提出，以"一带一路"建设为重点，全面深化对外开放合作，着力建设陆海互济、综合立体的国际大通道，构建内陆国际门户枢纽，推进高水平制度型开放，打造对外开放新前沿，加快形成"四向拓展、全域开放"立体全面开放新态势。本书研究的四川实现高水平开放的战略问题既符合我国构建开放新格局的要求，更是四川推动经济高质量发展的重大理论问题和实践问题。

　　本书立足于四川开放发展的新历史方位和成渝地区双城经济圈建设的战略要求，对四川实现高水平开放的相关问题进行了全面研究。全书共分为十个部分（包括一个导论、九个章节），从三个维度进行了论述：一是从协同开放的视角开展了战略研究，研究了区域协同开放的理论、四川的战略部署、通道经济建设、产业链供应链等问题；二是从成渝共建开放高地的视角开展了战略研究，研究了双城经济圈的开放方略、制度型开放策略、自贸区发展和国际营商环境建设等问题；三是从融入RCEP的视角开展了战略研究，研究了四川与东盟、日韩澳新、欧盟的贸易和投资机会。

　　本书对新的四川开放战略和趋势有着较全面的论述，是系统研究四川高水平开放的新著作，对于学界进一步研究四川开放问题、各地政府制定相关政策有一定的参考价值。

编　者

2021 年 7 月

目 录

导　论　DAOLUN

四川推进实现高水平开放的新历史方位

一、融入新格局是实现高水平开放的新战略位势

党的十八大以来，我国以"一带一路"建设为重点，推动形成陆海内外联动、东西双向互济的全方位开放新格局。四川省委第十一次党代会将开放合作作为高点起步、高端切入的直接抓手，确定了更高水平推进开放合作的战略目标；四川省委十一届三次全会提出了"四向拓展、全域开放"新谋划，以"突出南向、提升东向，深化西向、扩大北向"为重点，持续拓展四川开放空间，促进开放型经济提质增效。截至 2020 年底，四川货物进出口规模已跃居全国第 8 位，货物进出口年均增长 20％以上；四川自贸试验区基本完成了中央赋予的 159 项改革试验任务，在国务院发布的三批 86 个制度创新成果中，贡献了 11 个，已累计新设企业 14 万家，新增外商投资企业 1349 家，是全省外商投资企业数的四分之一；四川已拥有综保区 6 个、服务出口基地 3 个、国家级跨境电商综试区 4 个、国家级经开区 8 个、国际产业合作园 16 个；2020 年，由成都出发的中欧班列开行了 2440 列。[①]

当前，世界正在经历新一轮大发展大变革大调整，全球治理体系和国际秩序变革正在加速推进，单边主义、民粹主义、保护主义抬头，"逆全球化"思潮涌动，全球化不确定性不断增强。但总体而言，经济全球化是国际分工深化、技术创新的必然结果，是生产力发展的客观要求，新一轮科技革命和产业革命正在掀起新一轮经济全球化，这并不会因某些国家的不认同而发生倒退和逆转。四川省《国民经济和社会发展第十四个五年规划和二〇三五年远景目标纲要》进一步强调了"深化四向拓展、打造内陆开放战略"的战略谋划，就是要立足于成渝地区双城经济圈建设，进一步强化与京津冀、长三角、粤港澳的协同开放，以"四极"为支撑，实现区域联动发展，推进国内循环与国际循环的相互促进，这是新时代四川推进实现高水平开放的新战略位势。

从地缘格局来看，四川和成渝地区已从我国对外开放的内地转向我国西向南向的"桥头堡"。2019 年 8 月西部陆海新通道建设被确定为国家战略，"十

---

① 四川从内陆走向高地和前沿［N/OL］.四川日报（数字版），2021−07−01.

四五"时期成为国家重大建设目标。西部陆海新通道建设是在"一带一路"框架下，以中西部相关各省为关键节点，建设完善航路、铁路、水路、公路、海运通道，向南通达东盟主要国家、辐射澳新，向西连接欧洲、中亚、西亚，向东连接东北亚、辐射北美，向北连接俄罗斯，是"一带一路"的合龙工程。西部陆海新通道成了连通丝绸之路经济带与 21 世纪海上丝绸之路的最近通道，国际班列、多式联运等打通了四川与发达国家的物流通道，将四川与中巴经济走廊、中尼印经济走廊、孟中印缅经济走廊、中国中南半岛经济走廊紧密相连，四川对外开放的空间地理优势正在加快形成。

从比较优势来看，成渝地区市场引力强，优势产业的国际国内竞争力不断增强。① 成都的人口规模已超过 2000 万，是国家中心城市，是全国第三个拥有双机场的城市，在商务部 2020 年国际消费中心城市发展指数排名中，列全国第三，仅次于北京和上海。四川电子信息业、装备制造业、汽车制造业、数字经济等产业优势明显，与东盟地区具有较大的产业合作空间，对港澳台商和外商投资具有较强吸引力，已初步具有构建国内外循环的产业枢纽优势。这为四川依托"一带一路"的总体布局，融入新发展格局，利用好"两个市场、两种资源"，实现资源品与制造业、投资贸易与生产性服务业、技术市场与消费市场的全球循环，推进高水平开放提供了坚实的经济基础。

从营商环境来看，四川在全国处于领先地位，营商环境优势初显。全国工商联组织开展的 2020 年"万家民营企业评营商环境"中，四川排名居中西部第一，为西部唯一进入前十的省份。在中国社会科学院法学研究所、社会科学文献出版社通过网络正式发布的《法治蓝皮书·四川依法治省年度报告 No. 7 (2021)》中，四川营商环境指数位居全国省级行政区第 4，政府透明、警务、检务、司法指数排名居全国前列。

二、协同打造内陆开放战略高地是实现高水平开放的必由路径

虽然四川省开放发展成绩显著，但与发达地区相比，仍有较大差距。2020

---

① 参见成都市第七次全国人口普查公报。

年，四川外贸依存度仅有 16.7%①，只有全国平均水平的一半。四川省产业对外关联度不高、开放平台数量较少、高端项目和高端人才不足等问题仍是制约四川开放水平提质的关键要素。双城经济圈建设明确了川渝地区一体化发展的战略方向，也标志着我国区域协同发展进入一个新的历史阶段。成渝地区与京津冀、长三角、粤港澳共同构成推动我国经济循环发展的"四极"，既是我国未来新生产力创造和消费力提升的主要动力，也是我国对内对外开放的主要枢纽。而打造内陆开放战略高地不仅是四川、双城经济圈建设的目标，也是我国"四极"发展的必然要求，是进一步深化省内外区域合作、实现跨区域协同开放的必然选择。

（一）以共建西部陆海新通道为契机，打造通道经济

2019 年 8 月，国家通过了《西部陆海新通道总体规划》（以下简称《规划》），确定了"四枢纽三通道"，即成都、重庆作为国家中心城市和国际门户枢纽城市被确定为西部陆海新通道的陆上枢纽城市，广西北部湾港、海南的洋浦港被确定为西部陆海新通道的海上枢纽港口。在《规划》中，成都主要作为国家重要商贸物流中心，对通道发展起引领带动作用；重庆是通道物流和运营组织中心。西部陆海新通道以成都和重庆为陆路起点，形成了自重庆经贵阳、南宁至北部湾出海口（北部湾港、洋浦港），自重庆经怀化、柳州至北部湾出海口，以及自成都经泸州（宜宾）、百色至北部湾出海口等三条主通道，并围绕主通道完善西南地区综合交通运输网络，将贵阳、南宁、昆明、遵义、柳州等西南地区重要节点城市、物流枢纽与主通道紧密联系起来，通过与西北地区综合交通运输通道的衔接，联通兰州、西宁、乌鲁木齐、西安、银川等西北重要城市，广泛覆盖和联通了内陆开放型经济试验区、国家级新区、自由贸易试验区和重要口岸等，形成了西部协同发展、开放合作的新平台。

西部陆海新通道建设不仅在交通体系上实现了从丝绸之路经济带到 21 世纪海上丝绸之路的大贯通，而且重新构建了西部要素配置的市场范围和开放经济的协同机制，从而为发展通道经济创造了条件、奠定了基础。对于成渝地区而言，成都拥有亚洲最大的铁路集装箱中心站，有两个国际机场，货邮吞吐量

① 参见四川省商务厅网站 2021 年 1 月数据。

位居中西部第一；重庆是我国西部仅有的公、铁、水、空物流资源兼具的城市，资源要素齐备，各运输方式的内陆开放平台齐全。两个国家中心城市引领建设西部陆海新通道，不仅可以在西部形成新的物流大通道，更可以以物流产业为先导，进一步激发西部诸省的要素比较优势，引导各地优势要素沿这一西部最重要的联系通道和开放通道进行优化配置，促进各地协同形成开放型经济新体制，打破封闭的自循环的内陆经济运行路径。

为此，打破区域利益之争的旧有格局，川渝共促通道经济的发展是实现四川高水平开放的重要举措。当前来看，通道经济发展中呈现出的市场化程度不高、对政府依赖度过大的问题亟待解决。具体体现为几个方面：一是通道物流运营效率低。西部陆海新通道涉及的地方政府众多，各地都有自己的利益诉求，运营主体多点开花也成为必然。虽然各地已建立了政府间的沟通机制，但企业间的协作联盟才刚刚起步，掌控通道核心资源的铁路企业、国际化的航运企业、国际货代和贸易商协同程度不高，实现通道物流运营主体相互竞争又协同合作的问题仍需探讨。二是缺乏统一的陆上贸易规则。如各地的多式联运，众多参与主体各显其能，相互竞争，服务规则不一致、定价机制不协调，不能形成有效的市场预期，不能有效构建通道经济发展的市场内生驱动力。三是政策取向仍不明确。虽然减少物流补贴、强化通道规则建设的呼声越来越高，但各地争夺资源的政策仍然层出不穷，政府补贴仍然较高，"政策取代市场"仍是常态。所以，川渝应聚焦于增强通道经济的市场效力，共建贸易规则，提升物流产业的发展优势，如加强成渝在货源腹地、运营线路及运营主体等方面的合作，打造"多式联运枢纽＋供应链运营中心"，着力于引领通道沿线省份打通南向大通道，加强与粤港澳大湾区、北部湾经济区、东南亚、南亚、澳新等南向国内国际市场对接，加快形成贸易产业集聚，共建具有国际影响力的产业平台。

（二）协同培育和发展高能级开放平台，提高全球资源的配置能力

经济高质量发展需要高水平开放，川渝协同打造内陆开放战略高地需要协同培育和发展高能级开放平台。四川、成渝地区正处在产业链、供应链全面提升的关键时期，整合优质资源，推进创新驱动，促进高端先进产业集聚发展是

四川推进实现高水平开放的主要目的，协同培育和发展高能级开放平台、提高四川全球资源的配置能力又是其重要抓手。

建设高能级开放平台重在打造重点产业的国际合作平台，重在促进高端产业集聚。四川具有优势的电子信息业、装备制造业等与长三角、粤港澳、京津冀在供应链服务、产业链延伸等方面已形成较紧密的联系。在西部陆海新通道建设中，四川应充分发挥"双城"在泛欧亚大通道上的交通枢纽作用，充分发挥自贸区的政策制度优势，搭建新一代电子信息产业、智能制造、精密制造等先进制造业的国际合作平台，进一步推进重点产业国内外合作的深度和广度，补齐和完善产业链短板，壮大重点优势产业。

建设高能级开放平台重在提升创新驱动能力，整合高端要素。当前，区域发展能力已集中体现为区域创新能力，而区域创新能力又体现为区域整合高端创新要素的规模和质量。成渝地区创新资源丰富，是我国第五大科教资源集聚区，拥有高等院校 191 所，占全国 6.5%，其中双一流高校 10 所，占全国 7.3%；拥有科研院所 200 余家，排名全国前列；拥有国家实验室 21 家，国家工程技术研究中心 26 家，国家工程研究中心 115 家，位居西部第一、全国前列。但成渝地区高端创新要素集聚不够，如 2018 年四川的高新技术企业只有 4330 家，而同期上海有 9000 余家、北京近 2 万家、深圳 1.5 万家。[①] 另外，相关的金融服务、数据资源也与发达地区有较大的差距。为此，高能级开放平台建设要着力提升四川对高端要素的集成能力，强化高端人才集聚、优质资本集中，促进前沿技术转化，特别是要通过开放平台建设，为四川加快推进数字产业化、产业数字化发展提供要素支撑；要增强信息要素的交互能力，将四川打造为"一带一路"重要通信节点、数据中心和国际信息港，加快国际性区域通信枢纽建设。

（三）着力推进制度创新，建设制度高地

2020 年，我国先后签署了 RCEP、CAI 协议，2021 年又启动加入 CPTPP 协议的准备工作，对接普遍接受的国际规则标准和最佳实践是我国也是四川打造制度高地的重要抓手。这就要求四川在开放制度建设上走出一条新路。一是

---

① 唐文金. 成渝地区双城经济圈建设研究 [M]. 成都：四川大学出版社，2020.

向规则看齐。在参与国内国外经济合作中，特别是与欧美发达国家开展国际经济合作时，要在充分尊重国情、省情的基础上实现规则互动，这是开放高地建设必须面对的规则难题，也是四川自贸区试验的主要目标。二是补齐制度短板。目前，中国自贸区已有 21 个，自贸区已成为各地"竞争性开放"的主战场，其竞争优势集中体现为因地制宜地解决制度短板。成渝地区依托于两个自贸区，谋求在行政管理体制、服务业准入、制造业开放、海关特殊临管区、委内加工业务等方面的制度创新合力优势是题中应有之义。三是推进国际营商环境建设。在四川全域范围，聚焦投资贸易、获得许可、要素匹配、政策支持、司法保护便利和公平竞争市场环境等方面，对标先进国家、先进地区，积极推出各类改革措施，打造具有四川优势的国际营商环境。

三、抓住融入 RCEP 契机，打开四川开放新空间

2020 年 11 月 15 日，中国与东盟十国、日本、韩国、澳大利亚、新西兰等国家，正式签署《区域全面经济伙伴关系协定》（RCEP）。RCEP 是史上规模最大的自由贸易协定，是亚太地区建立开放、一体化经济体系的重要基石，对于重塑全球经济贸易规则和市场新格局具有划时代意义。在当前全球价值链"反攀升压制"的现实背影下，RCEP 在空间地理上涵盖了全球经济最具活力的区域，在重构合作战略上形成了"战略、技术、市场、规则"的四位一体新格局，在贸易往来上推进了区域生产链供应链和价值链的深度融合。成渝地区具有连接西南西北，沟通东亚与东南亚、南亚的独特优势，是我国融入 RCEP 的桥头堡，是四川对外开放的新空间。

RCEP 为四川产业链延伸与价值链提升创造了难得机遇。四川电子信息、汽车制造业等与新加坡、越南、马来西亚等东盟国家互补性较强。电子产品、汽车及零部件产品、农副产品作为四川和东盟之间贸易的主要品类，为实现四川与东盟间货物双向流动提供了重要的货源保障。四川向东盟出口便携式电脑、汽车零部件、数据处理设备、通用机械、化二原料、建材、箱包等；从东盟进口硬盘驱动器、集成电路、电脑配件、农业原材料、橡胶等。同时，我们也注意到，东南亚、南亚地区对成渝地区的产业依存度（平均依存度系数为 12.10%）远高于成渝对东南亚、南亚地区的产业依存度（平均依存度系数为

0.50％），特别是对通信计算机和电子设备（38.68％）、机械设备（30.73％）、金属冶炼加工（22.78％）、化工（18.90％）等成渝优势产业的高依存度有利于成渝地区主导区域产业网络和区域价值链的完善。^① 抓住 RECP 机遇，以规则融合、贸易促进、投资驱动、创新引领推进四川价值链整体攀升，现实意义较强。

---

① 侯永志，沈俊杰，华若筠. 将成渝地区双城经济圈打造成辐射东南亚、南亚的区域经济中心[N]. 中国经济日报，2020－09－14.

第一章 DIYIZHANG

区域协同开放的新格局

第一节　内陆开放的理论依据与现实逻辑

四川地处内陆，在对外开放区位方面先天不足。内陆地区的开放有着不同于沿海地区、沿边地区的特点，有其不同的开放理论和逻辑。推动四川紧抓RCEP 和 CAI 签订生效机遇，通过与国内沿海沿边地区的协同合作，拓展对外开放地区范围和领域范围、提高对外开放水平、优化对外开放结构和模式，实现高水平开放，建成内陆开放高地，需要厘清内陆开放的理论依据和现实逻辑。开放发展既是促进区域经济增长的需要，也是贯彻落实国家经济发展战略、实现区域以及国家层面经济发展目标任务的必然要求。

一、内陆开放的理论依据

就开放发展而言，开放是发展的模式、手段，发展是开放的目的，无论是一个国家还是一个地区，开放发展的最终目的都是通过与其他国家、地区在生产、投资、经营等方面的合作，实现双方的互利共赢，也促进本国、本地区经济更好更快的发展。对于四川这样不沿海不沿边、在对外开放方面不具备区位优势且经济欠发达的内陆地区而言，通过对内对外开放加速经济增长、促进经济更好更快发展既是完成经济社会发展目标任务所需，也是贯彻新发展理念的必然要求。

就内陆地区而言，开放发展既包括一个地区对国际上其他国家、其他地区的开放，也包括对国内其他省区的开放。通过与国内外其他经济主体在投资、生产、经营等方面的合作，可以实现合作各方互利共赢，推动经济加速增长。

（一）内陆开放的理论探究

著名古典经济学家亚当·斯密的绝对优势理论[①]表明，每个国家各自生产具有绝对优势的产品并彼此交换对贸易双方都有利。亚当·斯密认为，每一个

---

① 亚当·斯密. 国富论 [M]. 北京：华夏出版社，2005：328.

国家都有其适宜于生产某些特定产品的绝对有利的生产条件，各国都专业化生产自己具有绝对优势的产品并彼此进行交换，出口本国生产的、自身具有绝对优势的产品，进口他国具有绝对优势的产品，贸易双方都可以获得比分工合作前更多的收益。

另一著名经济学家大卫·李嘉图的比较优势理论[①]表明，如果一个国家在生产成本方面没有绝对优势，那么，各国生产具有比较优势的产品并相互交换产品，仍然可以提高劳动生产率。李嘉图认为，每个国家根据"两利相权取其重、两弊相权取其轻"的原则，集中生产并出口具有比较优势的产品，进口自己具有比较劣势的产品，这样贸易双方都可降低生产成本，获得专业化分工带来的劳动生产率提高的好处，促进经济更快增长。

赫克歇尔－俄林从经济资源、生产要素角度说明国际贸易对一国经济增长具有重要促进作用。[②] 按照赫克歇尔—俄林的要素禀赋论，每个国家都应谋求生产要素比例和生产要素密度的一致，促进生产要素相对充裕的产品的生产，用俄林的话说就是"进口使用高昂生产要素比例大的商品；出口使用低廉生产要素比例大的商品"，这样的分工合作可以促进各国生产率提高，推动各国经济增长。

尽管亚当·斯密的绝对优势理论、李嘉图的比较优势理论、赫克歇尔－俄林的要素禀赋论分析的是国与国之间的分工和贸易情况，但这些原理同样适用于地区与地区之间的分工和贸易。依据这些理论不难得出结论：内陆地区依托自身优势，通过与其他地区或国家的分工合作，可以获得更大收益，实现更快的经济增长。

此外，新兴的国际贸易理论和国际投资理论，分别从规模经济、国际资本流动、贸易政策、经济增长动力等角度，对以分工合作为表现形式的对外开放对一国、一个地区经济增长的重要作用进行了分析论证，说明开放合作是经济增长的推进器，是内陆地区经济增长的重要引擎。

理论分析表明，不论是一个国家还是一个地区，对外开放合作都可以极大地促进经济增长、推动经济发展。无论是早期的国际分工、国际贸易理论，还

---

① 大卫·李嘉图. 政治经济学及赋税原理［M］. 北京：华夏出版社，2013：272～311.

② 保罗·R. 克鲁格曼. 国际经济学：理论与政策（第十版）［M］. 北京：中国人民大学出版社，2019：64～73.

是新兴的国际贸易、国际投资理论都充分说明，开放合作对一个地区、一个国家的经济增长具有重要促进作用。

（二）内陆开放的实践支撑

从实践层面看，无论是发达国家还是发展中国家和地区的经济实践都充分证明，开放合作是促进经济增长、加快经济发展步伐的助推剂。

从发达国家的发展历程看，对外开放极大地促进了这些国家的经济增长，促进其实现了经济由不发达到发达的跨越。从历史上看，工业革命时期的英国依靠对外开放，大量从殖民地、半殖民地国家输入廉价原材料，高价出售工业制成品，使其经济迅速增长，迅速成为当时的世界经济中心、全球经济金融霸主。美国从独立前落后的殖民地农业国发展为当今世界头号经济、金融强国，与其对外开放战略密不可分，在两次世界大战期间，美国通过大量生产并向各参战国出口军需品和其他生活用品，获得巨额经济利益，促成了战后美国世界经济强国地位的形成和稳固。作为经济"两头在外"的日本，对外开放对其经济增长、经济发展的重要作用尤其典型。从第二次世界大战结束到20世纪60年代末的短短20多年时间，日本经济迅速恢复并崛起，国民生产总值增长了3.4倍，年均增长率超过10%，成为当时的世界第二经济大国，其中，对外开放起到了决定性作用。亚洲四小龙以及我国沿海发达地区，无一不是借助对外开放对经济的巨大推动力实现了经济快速增长，实现了由经济不发达到发达的跨越。

从我国改革开放以来的历程看，改革开放40余年来，我国经济建设成就巨大，从2010年起经济总量跃升全球第二，成为全球第二大经济体，其中，对外开放是经济建设取得重大成就的重要原因。引进利用外资、大量生产和出口优势产品，极大地促进了我国经济增长，在对外依存度高的年份，出口对经济增长的贡献率曾达到30%左右。尽管由于多方面原因，近年来我国出口对经济增长的贡献率有所下降，但出口和引进利用外资仍是推动我国经济增长的重要力量，2016—2020年，我国实际利用外资达到6745亿美元，2020年中国成为全球最大外资流入国。可见，引进利用外资和对外出口能极大地促进一个国家或地区的经济增长。从地区看，改革开放以来，我国沿海地区凭借地理位置的优势加上政策支持，在全国率先开放发展，通过进出口贸易和引进利用外资以及与国内其他省区在资金、技术、资源等方面的合作，经济快速增长，成为国内经济发展水平领先的发达地区。

可见，开放合作是经济增长的重要引擎，加速经济增长、促进内陆地区经济加速发展，必须坚定不移地贯彻落实新发展理念，坚持开放发展，实现高水平开放。

二、内陆开放的现实逻辑

开放发展是经济增长的重要引擎，内陆地区要实现经济持续较快增长、经济加速发展，需要加快开放发展步伐，提高开放水平。无论是从内陆地区自身发展要求还是从国家经济发展战略演进角度看，内陆地区开放发展均势在必行。

（一）内陆开放是顺应全球开放新趋势的必然选择

随着工业革命的深入推进和全球贸易的蓬勃发展，跨国公司为提高资本回报率在全球范围的配置资源，全球供应链分工协作进一步精细化。全球供应链放宽了发展中国家进入全球市场的门槛，企业可以完成供应链中的特定任务，所需投入和服务都可通过进口实现而无需在本地发展附属产业，由此带来了亚洲国家出口导向型、劳动密集型的高增长模式，国别竞争集中在关税减免等政策领域；同时，发达国家则占据资本和技术含量较高的生产环节，并形成以"全球城市"为核心的要素（人流、物流、资本流、信息流以及生产标准等）配置枢纽。这两个重要变化给经济全球化带来了极大挑战。一方面，自国际金融危机以来，发达国家内部为应对"资本外流，商品进口"带来的一系列危机，逐步吸引制造业回流，国际贸易创造的增加值比重停滞不前，许多发展中国家还没有融入全球价值链即面临全球贸易萎缩、技术扩散封闭的不利局面；另一方面，以第四次工业革命为代表的技术进步，削弱了发展中国家的低技能劳动力比较优势，高技术密集型产品的出口和离岸外包的减少成为发达国家对外开放的主要特征。与此同时，服务贸易如旅游、信息技术、金融、商贸等贸易规模在全球范围内日益扩大，尽管其可贸易程度远小于制造业，但目前服务贸易已占全球贸易的1/4。加大服务贸易出口力度、减少服务贸易对外依赖，是产业转型升级和居民消费升级的双重结果，也是后发工业国家发展的普遍规律。但是，服务贸易的监管比货物贸易的监管更加复杂，且涉及制度、标准等一系列内容。

从发展的眼光看，内陆开放是新的全球对外开放变局下的崭新课题。在过去，开放意味着"物流通道＋海关特殊监管区域＋加工区/经开区/高新区"的组合，是"市场换技术"的具体体现。当前，随着全球贸易的收缩和"技术保护主义"的兴起，推进技术进步（包含各个产业部门）是发展中国家改变全球贸易地位的首要任务，对外开放门户依然是技术创新跨国合作与交流的窗口；同时，我国目前服务贸易总量已排名全球第二。服务贸易是我国建设贸易强国、扩大对外开放、实现外贸高质量发展的重要抓手，已成为我国对外贸易新的增长点。然而，发展中国家在跨国服务业管理标准提升、贸易服务业供给创新等方面还有很多工作需要完成。

在经济全球化格局下，各国、各地区在经济上分工合作，"有所为，有所不为"，成为世界经济的有机组成部分，它们形成相互联系、相互依存、相互影响、相互制约的利益格局。在这种情况下，各个国家、地区加强开放合作，更加深入地融入全球经济体系，充分利用国内国外两个市场、两种资源，集中力量生产自己具有比较优势的产品，并与其他国家、地区交易，就可以获得更大的比较利益，促进自身经济的快速发展；相反，若故步自封、闭关自守，发展步伐就会减速。

四川经济作为全国以至全球经济的一部分，加强对内对外的开放合作，是经济全球化的大势所趋，是跟上全球经济发展步伐，在经济发展新常态下实现四川经济加速发展、跨越式发展的必然要求。

（二）内陆开放是国家对外开放战略演变的迫切要求

改革开放以来，我国实施以"两头在外"为显著特征、沿海地区为主要区域的对外开放战略，外商投资规模、货物净出口额是衡量对外开放水平的主要指标。2008年国际金融危机以后，在"提振内需"战略的带动下，中西部地区对外开放水平迅速提高，享有国家特定优惠政策的各类开发区、海关特殊监管区数量大幅度增加。同时，在高质量发展方针的引领下，2013年开始，我国加快实施"自贸区"战略和"一带一路"建设，对外开放改革试验内容突破了传统货物进出口单一领域局限和以港口片区为主、推动沿海地区高端产业和现代服务业发展的格局，开放领域逐步拓宽、开放范围逐步向内地扩展，2017年四川、重庆和西安自贸区获批，2019年国务院批复西部陆海新通道建设总体规划，标志着西部地区对外开放的战略地位得到进一步提升。

随着国际政治经济形势的持续变化、国际贸易保护主义抬头及新冠疫情对全球供应链的影响，为进一步探索高水平开放、建立开放型经济新体制，2020年中共中央、国务院印发《海南自由贸易港建设总体方案》《中共中央 国务院关于支持深圳建设中国特色社会主义先行示范区的意见》，在法治、外汇、金融、教育、税收等方面对改革创新工作进行战略谋划。同时，以习近平为核心的党中央创造性地提出了"双循环"发展的战略部署，标志着我国对外开放进入新的历史阶段。同年，中央提出成渝地区双城经济圈发展战略，并审议通过了《成渝地区双城经济圈建设规划纲要》。成渝地区双城经济圈建设被认为是"经略西部广袤腹地、拓展战略回旋空间"的超前谋划，"形成陆海内外联动、东西双向互济的开放格局"成为新时期对外开放战略格局的重点。推动成渝地区双城经济圈建设、促进国内国际双循环格局形成，需要有开放门户的带动引领。

从历史视角看，西部地区在过去扮演国家"经济大后方"的角色，在对外开放领域遵循"雁行模式"，吸取和学习东南沿海地区开放发展经验，通过设立开发区、出口加工区、经开区、高新区、保税区等发展对外经贸合作。随着全球政治经济格局和贸易体系的持续变化，西部地区在对外开放领域加快"走向前线"，西部地区自由贸易试验区将与沿海地区一同承担探索开放型经济体制建设、打造高层次对外开放门户的战略使命，"要加快推进规则标准等制度型开放，完善自由贸易试验区布局，建设更高水平开放型经济新体制"。同时，西部地区兼具"经济大后方"的功能，要打造经济增长新极核、内陆开放型经济高地并积极应对全球供应链体系重构的风险，通过提高供应链本地化率、增强经济对外开放的韧性，实现"把握好开放和安全的关系，织密织牢开放安全网"的目的。

四川独特的地理位置和区位特点使四川面临着加快对外开放和织密织牢开放安全网的双重任务。四川位于国家新一轮西部大开发"长江－川藏通道西段"和"包昆通道"一横一纵交汇处，是欧亚大陆的几何中心和长江经济带、孟中印缅经济走廊的战略交汇点，具有承南接北、通东达西、服务西部发展的重要作用，是支撑"一带一路"和长江经济带联动发展的战略纽带，肩负着国家加大西部地区门户城市开放力度的新使命，承担着实现内陆与沿海沿边沿江协同开放的新责任。国家对外开放新战略赋予了地处内陆的四川更加重要的开放地位和开放任务，实现国家对外开放新战略，四川必须在肩负加快对外开放和织密织牢开放安全网的双重任务下，加强与国内其他省区及其他国家的协同开放，努力扩大开放范围，实现高质量、高水平开放与发展。

（三）开放发展是实现四川富民兴川目标的现实选择

在我国新的内陆开放布局中，成都、重庆等内陆城市承担着打造内陆开放高地和开发开放枢纽的重任。2020年11月，习近平总书记在全面推动长江经济带发展座谈会上指出：要统筹沿海沿江沿边和内陆开放，加快培育更多内陆开放高地，要推动长江经济带发展和共建"一带一路"的融合，加快长江经济带上的"一带一路"支点建设。同年，《中共中央 国务院关于新时代推进西部大开发形成新格局的指导意见》提出要支持川渝、川陕等发挥综合优势，打造内陆开放高地和开发开放枢纽，鼓励重庆、成都、西安等加快建设国际门户枢纽城市。

就四川而言，目前经济发展情况良好，经济发展保持着较高增速，对外贸易发展增速明显。2020年全省GDP为48598.8亿元，居全国第六位，较2019年增长3.8%。全省货物贸易进出口总值8081.9亿元，居全国第八位，较2019年同比增长19%，增速居全国第二。① 全省2020年实际利用外资100.6亿美元，比前一年下降19.4%，其中外商直接投资25.5亿美元，较前一年增长2.9%，居中西部第一位；2020年新设外商投资企业（机构）842家，比前一年增长24.6%；累计设立13826家。② 但是，四川经济发展仍然面临不少问题，主要表现为结构性矛盾的长期积累，高端服务业发展效益和质量不高，开放型经济发展水平不高，资源利用率较低，投资结构不合理；部分企业生产经

---

① 根据2020年四川省国民经济和社会发展统计公报、2020年国民经济与社会发展统计公报相关数据计算、整理。

② 根据2019年四川省国民经济和社会发展统计公报、2020年四川省国民经济和社会发展统计公报相关数据计算、整理。

营困难，企业盈利水平下降、亏损面扩大，融资难融资贵问题仍然突出，一些行业产能过剩，民间投资增幅下降，工业投资增长乏力。在这种情况下，四川要完成"十四五"规划目标，就必须加大对外开放力度，加快对外开放步伐，提高对外开放水平，实现与其他省区、其他国家的互利共赢，从而实现四川经济的跨越式发展。

首先，开放发展是四川建设开放型经济的内在要求。扩大开放既是一个国家繁荣昌盛的必由之路，也是一个地区加快发展的重要推力。实践证明，开放合作是推动四川经济发展的引擎。四川地处西部腹地，是贯通南北、连接东西、通江达海的大通道，是欧亚大陆的几何中心，是长江经济带、孟中印缅经济走廊的战略交汇点。"一带一路"倡议将四川以前的空间劣势转为优势，使四川成为国家向西、向南开放发展的支点和对外开放的战略前沿。20 世纪 80 年代以来，四川结合自身优势，积极融入国家发展大局，大力发展开放型经济，主攻面向东盟国家和地区的开放战略，并取得明显成效。当前，四川内有国家政策支持和各级各类平台的支撑，外有东盟等极具潜力的广阔海外市场。在各个自由贸易试验区的不断探索和总结过程中，四川大力推进制度型开放，蕴藏着巨大的潜力和无限的发展空间。

其次，开放发展是促进四川经济持续稳定增长的需要。拉动经济增长的是消费、投资和出口，这三者共同发力、协调用力，就能推动经济持续快速增长。改革开放以来，随着对外贸易的发展，我国出口对经济增长的贡献率多年保持在 30% 以上，2020 年全国外贸依存度为 31.64%，浙江、上海等沿海发达地区出口对经济的贡献度更高，2020 年上海外贸依存度达到 90%。尽管四川近年来对外开放合作步伐在加快，对外贸易也有着较快的发展，但到 2019 年，其外贸依存度也只有 14.51%，2020 年在 2019 年基础上继续提高，但也只有 16.63%。① 这说明四川外贸发展还达不到全国平均水平，与沿海发达地区差距更大，外贸、外需对四川省经济增长的拉动作用还较小。

加速四川经济增长，在扩大内需、增加投资的同时，必须扩大和深化对外开放合作。应通过发展对外贸易，引进先进技术、管理经验和人才，促进战略

---

① 根据相关年份国家统计局发布的国民经济与社会发展统计公报和相关省份国民经济和社会发展统计公报相关数据计算。

性产业、新兴产业的布局和发展，促进产业结构升级优化，提升竞争力，充分利用省内外两个市场、两种资源，增强外贸、外资对经济增长的促进作用，拉动经济增长，促进四川经济实现新跨越。

最后，对外开放合作可以更好地应对经济发展新常态下区域经济竞争加剧的态势。随着经济发展方式的逐步转变，我国经济已由过去的高速增长转向中高速增长。在经济发展新常态下，当前已形成国际资本向中国流动、沿海产业向内地腹地转移、大型国企向中西部布局的大趋势，这种趋势促使中西部各省区纷纷采取强力措施承接产业转移。中西部省区之间经济竞争态势明显，在承接产业转移、引进利用外资内资、基础设施建设、产能合作等方面，竞争均较激烈。面对中西部省区之间的经济竞争局势，只有协同开放才是经济发展新常态下推进中西部省区经济高质量发展的有效途径。

以四川和重庆的协同开放为例。四川、重庆两地既有协同开放的基础和条件，又有协同开放的愿望和动力。从经贸规模看，两地对外贸易总量持平，协作开放有基础（见表1-1）。四川对外经贸总体规模略高于重庆（2020年，成都货物进出口额占四川省的88.52%），但四川省净进口指标远低于重庆，四川来料加工贸易规模较大，重庆进料加工贸易规模较大。两者在对外贸易方面各有所长，具有协作开放的基础。从外贸产品类别看（见表1-2），两地出口商品结构相似度高，同时各有特色优势产品，具有协作开放的条件。四川与重庆出口货物均以机电产品为主，在自动数据处理设备及其部件（主要是便携式电脑）方面，重庆出口规模略高于四川，摩托车、文化产品也是重庆较为独特的出口商品；但集成电路是四川显著优于重庆的领域，汽车出口四川略强于重庆，而玩具、鞋类、织物及制品是成都较为独特的出口商品。此外，《中国商务统计年鉴》数据显示，2019年四川省技术出口金额11.85亿美元，远高于重庆，软件出口金额成都为13.5亿美元，重庆为2.6亿美元。同时，从对外经贸国别/地区（见表1-3）来看，两地出口市场重叠性较强，进口市场有所区分，协作开放有动力。四川和重庆的出口市场重叠性较强，但各有侧重，四川最大的出口地区是东盟，而重庆则集中在欧盟和美国；两地对日本、韩国等不同国家的进出口情况则表现出各自的比较优势。

表1-1　川渝对外经贸概况比较①

川渝两地对外经贸主要指标（2019）	四川		重庆
	全省	成都	
货物贸易进出口总额（亿美元）	980.78	843.97	839.71
出口总额	564.23	479.55	538.22
进口总额	416.55	364.42	301.49
全年实际利用外资（亿美元）	124.80	78.86	103.10
入境旅游人次（万）	414.78	381.43	411.34

表1-2　川渝对外经贸产品类别比较（亿美元）②

四川		重庆	
产品类别	出口总额	产品类别	出口总额
自动数据处理设备及其部件	217.10	自动数据处理设备及其部件	287.84
集成电路	119.40	集成电路	27.24
汽车	11.60	摩托车	16.35
通断保护电路装置及零件	8.30	自动数据处理设备的零件	8.50
纺织纱线、织物及制品	8	汽车	7.87
电话机	7.80	文化产品	7.38
鞋类	6.60	汽车零配件	6.92
产品类别	出口总值	产品类别	出口总值
玩具	5.90	打印机	6.85
灯具、照明装置及零件	5.60	电话机	6.62
手持式无线电话机的零件	5.10	服装附件	4.87

---

① 数据来自四川省商务厅对外贸易统计资料及重庆市、成都市2020年统计公报、统计年鉴（反映2019年数据），部分成都市数据来自"2020年全年成都市经济运行情况"新闻发布稿。
② 数据来自四川省商务厅对外贸易统计资料及重庆市2020年统计年鉴（反映2019年数据）。

表 1-3　国别/地区进出口情况比较（亿美元）①

出口国家/地区及金额（前15名）				进口国家/地区及金额（前15名）			
四川		重庆		四川		重庆	
东盟	156.27	欧盟	137.26	美国	109.31	东盟	101.09
欧盟	110.85	美国	134.28	欧盟	80.23	韩国	44.71
美国	110.31	东盟	56.54	台湾地区	54.58	台湾地区	43.34
香港地区	40.07	韩国	28.78	东盟	38.36	欧盟	17.21
日本	26.59	香港地区	28.41	韩国	35.47	日本	14.00
澳大利亚	13.52	日本	19.96	日本	29.25	澳大利亚	10.95
印度	13.32	印度	16.36	以色列	14.52	美国	6.94
韩国	11.12	英国	13.76	澳大利亚	6.06	巴西	6.02
俄罗斯	9.23	墨西哥	12.28	巴西	3.81	墨西哥	4.46
巴西	7.15	台湾地区	10.43	俄罗斯	2.86	智利	4.30
加拿大	6.38	澳大利亚	10.12	南非	2.22	新西兰	2.50
台湾地区	6.26	加拿大	9.30	智利	1.96	南非	2.43
阿联酋	6.16	阿联酋	7.60	新西兰	1.84	俄罗斯	1.50
墨西哥	4.36	俄罗斯	7.59	沙特阿拉伯	1.46	英国	1.34
土耳其	3.28	瑞士	5.20	印度	1.45	厄瓜多尔	1.26

　　四川、重庆两地在货物贸易门户、生产性服务枢纽等方面均有发展基础，但在全球价值链体系中核心节点作用尚未体现，突出表现为两地产业同构现象突出、先进制造和智能制造类出口货品种类少。完成打造内陆开放高地和开发开放枢纽任务，完成内陆对外开放新格局的战略部署，需要川渝两地联手，协同建设更高质量的对外开放门户。

---

　　① 根据四川省商务厅对外贸易统计资料和四川统计年鉴相关资料整理。

第二节　四川开放发展演进历程

改革开放 40 余年来，四川克服地处内陆腹地、不沿海、不沿边等地理劣势，坚持解放思想、开拓创新，坚持"大开放促进大发展"的方针，以提高开放水平、增强开放实效为重点，推行外事、外贸、外经、外资、国际旅游有机结合的大经贸战略，对内对外开放取得显著成效，基本形成了全方位、多层次、宽领域的对外开放格局。

一、开放演进历程

改革开放以来，四川的开放发展从无到有、从小到大，经历了一个逐渐推进、持续深化发展的过程。具体而言，四川的对内对外开放经历了四个重要发展阶段。

（一）探索起步阶段（1978—1992 年）

1978—1992 年是四川开放发展的探索起步阶段。这一阶段四川对外开放的基本特征是贯彻改革开放精神，坚持以经济建设为中心，开展解放思想和克服"盆地意识"的大讨论，促进思想大解放，省际区域合作迅速发展，对国际经济技术合作进行了积极探索。

在探索起步阶段，四川对外开放的主要内容是：以发展自营直接出口为突破口，扩大对外贸易；以开展对外承包工程和劳务输出为重点，发展对外经济；以发展"三来一补"为起点，开展对外招商引资；以缔结友好关系为纽带，推动对外合作与交流。80 年代后期，四川积极发展与兄弟省份的经济联合协作，开放发展内容丰富、形式多样。通过"五省六方"合作、大西南经济协作、民间传统节庆等扩大了经济合作与交流，先后参与国内各类区域合作组织 29 个，成立经济联合体 4000 多个，各类协作项目 9000 多个。通过广泛协作，引进了一大批物资、人才、技术和资金，有效促进了四川经济发展。

（二）全面展开阶段（1993—1999 年）

1993—1999 年是四川开放发展的第二阶段。在这一阶段，四川全面展开对内对外开放，开放进程逐渐提速。四川全面展开对外开放主要是按照建立社会主义市场经济体制和开放型经济的总体要求，坚持"开明促开放，开放促开发，开发促发展"的开放方针，改善开放条件，拓展开放领域，扩大开放区域，提高开放水平，增强开放实效，使四川对外开放进入了一个新阶段。

这一阶段四川对外开放的基本特征和主要内容是确立了"大开放促大发展"的方针，推行了全方位、多层次、多形式的对外开放战略，改善了投资的软硬环境。同时，把招商引资与全省经济结构的战略性调整结合起来，通过开放合作促进四川经济结构的优化和产业升级。通过一系列卓有成效的开放举措，四川对外开放领域迅速扩大，对外开放区域不断拓展，对外合作交流日益增多。

（三）蓬勃发展阶段（1999—2011 年）

1999—2011 年是四川开放发展的第三阶段。在这一阶段，四川对外对内开放合作蓬勃发展，开放发展进入全面提速期。四川以国家实施西部大开发战略和我国加入世界贸易组织为契机，对外开放由以局部政策性开放为主转向全方位体制性开放为主，开始以全面融入国内国际大市场的战略思维建设"开放四川"。

在这一阶段，四川结合自身实际，制定并组织实施了"大开放促大开发、大开发促大发展"和"三向拓展、四层推进"的充分对外开放合作战略，四川省委省政府出台了《关于加快推进对外开放的意见》；创办中国西部国际博览会，搭建对外交流合作平台。2004 年四川联合云南、贵州、江西、海南、广东、广西、福建、湖南九个省区和香港、澳门两个特别行政区签署了《泛珠三角区域合作框架协议》，建立了国内最大的跨行政区区域合作组织，次年 7 月第二届泛珠三角区域合作与发展论坛暨经贸交流活动在成都举办。期间，四川引进利用的国内省外资金数额增长 15.4 倍，外贸、外商投资、外经、旅游外汇收入分别增长 4.6、2.8、2.5 和 2.3 倍。爱立信、阿尔卡特、摩托罗拉、微软、中兴、联想、腾讯等多家国内外知名企业纷纷加大在川投资力度，在四川建立生产基地或设立经营机构。这一阶段是四川开放型经济发展最快的时期，开放理念全面提升，开放路径更加明晰，并初步形成了全方位、宽领域、多层次的开放格局。

（四）全面开放阶段（2012年至今）

2012年开始，四川开放发展进入全面开放的新阶段。党的十八大以来，四川省委省政府牢牢把握全球开放大势，坚定实施全面开放合作战略，尤其在省委十一届三次全会召开后，紧抓"一带一路"建设、长江经济带发展、西部陆海新通道建设、RCEP协定签订等重大历史发展机遇，大力实施全面立体开放合作战略。

期间，四川出台了《深化南向开放合作三年行动计划》《畅通南向通道深化南向开放合作的实施意见》等文件，积极开展"川菜海外行""川菜弘川""万企出国门"等市场拓展活动。对外，四川深化与日本、韩国的交流合作。对内，四川赴港澳地区开展系列推介活动，建立了"川港合作会议机制""川澳合作会议机制"等多个层面的合作备忘录；积极与甘肃、重庆、广西、广东、浙江等省份签署多个层面的合作协议。同时，四川多市已与广西北海、钦州港开行定期班列，扩展南向大通道的运载能力。这一系列开放举措促使四川开放型经济发展势头良好，开放成效显著，在此期间，四川与澳新、南亚、东盟等南向市场的贸易占比保持在28%左右，与美、日、韩等东向市场贸易额增长35%，西向北向市场也同步得到深化拓展。

二、对内对外开放成就

四川对外开放的40余年，是对外合作体制机制不断创新的40余年，是理念不断更新、思想不断解放的40余年，是由封闭、半封闭式经济到走向全方位开放发展的40余年，是经济结构不断优化、积极融入国际国内经济合作的40余年。40余年来，四川的对内对外开放取得了显著成效。

（一）开放通道体系加快形成

开放通道是开放发展的基础设施，是扩大开放、提高开放水平必不可少的基础条件。经过 40 余年的努力，四川加快开放通道建设，初步形成了由航空、铁路、高速公路和水运港口构成的立体式对外开放通道体系。

一是国际航空枢纽地位日益突出。目前，成都作为我国航空第四城，航线数量和市场活跃度居中西部第一，总航线数量和国际航线占比均突破新高，年旅客吞吐量连续 8 年位居全国第四、中西部第一。同时，天府国际机场已正式建成投运，开工建设金堂通用航空机场，扩能改造双流国际机场。

二是国家铁路客运通道建设稳步推进。西成客专、成渝高铁、成绵乐城际铁路已建成通车，铁路营运总里程已达 5000 公里，成兰铁路、成贵客专、成南达万、成自宜高铁、川藏铁路朝阳湖至雅安段正在推进建设。积极扩大中欧班列运营能力，成都中欧班列开行数量持续增长，2018 年中欧班列（成都）开行 1587 列，连续 3 年领跑全国；2019 年，成都开行中欧班列约 1600 列。从蓉欧班列开通至 2019 年，经过 6 年多的运营，蓉欧班列成为全国发班频率最高、运行时间最短、运行最稳定的中欧班列。数据显示，蓉欧班列累计开行超过 4600 列，年复合增长率达到 120%，约占全国中欧班列开行总量的 1/4，累计带动 217 亿美元进出口贸易额。[①] 开通成都经北部湾出境的铁海联运班列，已累计服务省内外 102 家企业。

三是国家高速公路建设进展顺利。全省高速公路通车里程 7238 公里，21 个市（州）均通高速公路，共有 19 个省界出口，分别通往甘肃、陕西、云南、贵州、重庆等方向，公路运输网络日趋完善。

四是航运港口运载能力增强。全省整合了泸州、宜宾、乐山等港口资源，加快建设长江上游（四川）航运中心，打造长江经济带综合立体交通走廊。

四川作为交通大省和西部综合交通枢纽的地位已基本确立，立体式对外开放通道体系初步形成，多式联运在对外开放中的作用不断增强。

---

① 最全中欧班列 2019 总结重磅发布［EB/OL］. 搜狐网，2020-01-26.

（二）开放合作平台加快建立

开放平台是开放发展的载体，是开放发展不可或缺的重要条件。改革开放40余年来，四川不断推进开放平台建设，开放平台数量增多、作用增强。

一是搭建合作交流平台。积极搭建投资促进平台，办好西博会、科博会、农博会、中国西部（四川）国际投资大会暨进出口商品展、"中外知名企业四川行"等活动，承办联合国世界旅游组织第 22 届全体大会、第十二届中国－欧盟投资贸易科技合作洽谈会、2017 成都全球创新创业交易会等系列重大展会活动，提升四川开放形象；积极与"一带一路"沿线国家省市建立友好关系，目前成都国际友城和友好合作关系城市分别达到 34 个、51 个。

二是提升开放合作载体作用。目前，四川拥有国家级开发区 18 个，省级开发区 116 个，总数位居全国第五；自由贸易试验区推进投资贸易、金融创新、营商环境、协同开放等领域 159 项具有特色的改革试点任务落实落地。已建成成都高新综合保税区、空港保税物流中心（B 型）、铁路保税物流中心（B型）、多式联运海关监管中心等海关特殊监管区（场所），其中，成都高新综合保税区进出口总额在全国综合保税区中连续 18 个月排名第一，铁路保税物流中心（B 型）监管货值排名攀升至全国第四。创建了 8 个国家级外贸转型升级基地，搭建了中韩创新创业园、成都天府国际生物城、新川创新科技园、中德（四川成都）创新产业合作平台、"中国－欧洲中心"、中法（成都）生态园等开放平台。在全球 41 个国家和地区设立了 195 个国际营销网点，其中超过30%的国际营销网点布局在"一带一路"沿线国家。

（三）开放型经济发展水平和质量逐步提高

四川开放发展的成效不仅体现在开放通道的逐渐畅通和开放平台的加快建设方面，还体现在开放质量和开放水平的逐步提高方面。

"十三五"时期，四川开放型经济发展情况良好。一是对外贸易持续增长。2016 至 2018 年，全省货物进出口总额由 495.3 亿美元增长到 899.4 亿美元，增长率达到 82.2%，年均增长 27%；2020 年尽管对外贸易遭受新冠疫情严重冲击，但全省对外贸易仍然取得明显成绩，全省进出口总额达到 8081.9 亿元，比 2019 年增长 19%。①

二是招商引资"引进来"成效显著。全省引进利用外资数额总体呈现逐渐增长态势。2016 至 2018 年，四川实际利用外资数额由 85.5 亿美元增加到 114 亿美元，三年增长 33.5%，年均增长率约 11.17%。② 2019 年全省实际利用外资数额进一步增长，达到 124.8 亿美元，比上年增长 13.1%。③ 2020 年受新冠疫情影响，全省实际利用外资数额比上年下降 19.4%，数额为 100.6 亿美元，其中外商直接投资 25.5 亿美元，比上年增长 2.9%，居中西部第一位。④ 截至 2020 年，在川落户的世界 500 强企业达到 364 家，其中，境外世界 500 强企业累计达到 250 家。⑤ 2020 年，全省新设外商投资企业（机构）842 家，比 2019 年增长 24.6%；至 2020 年末，全省累计设立外商投资企业（机构）13826 家。⑥ 从外资来源地看，四川外资来源地逐渐拓展，目前外资来源地遍及亚洲、美洲和欧洲。在四川投资来源地中，排名前八的国家（地区）为美国、新加坡、英属维尔京群岛、韩国、日本、加拿大、英国及萨摩亚。

三是四川企业越来越多地走向海外投资经营、提供服务。2018 年，四川新增境外投资企业 104 家，境外投资企业累计 1065 家，累计对外直接投资总额超过 100 亿美元；对外承包工程新签合同额 102.7 亿美元，较 2016 年增长 129.5%；对外承包工程和劳务合作完成营业额 61.1 亿美元，居全国前五位。2019 年，全省对外承包工程新签合同金额较上年大幅增长，增长 80%，金额达 185.1 亿美元，完成营业额增长 4%，达 63.7 亿美元，新增境外投资企业 90 家，境外投资企业累计达到 1155 家。⑦ 2020 年受新冠疫情冲击，对外承包工程新签合同金额、完成营业额分别比上年下降 66.5% 和 18.6%，金额分别为 62.4 亿美元、51.8 亿美元，新增境外投资企业 64 家，比上年减少 26 家，

---

① 2020 年四川省国民经济和社会发展统计公报［EB/OL］. 四川省统计局，2021-03-14.
② 根据相关年份四川省国民经济和社会发展统计公报和四川统计年鉴相关资料计算整理。
③ 2019 年四川省国民经济和社会发展统计公报［EB/OL］，四川省人民政府网，2020-03-25.
④ 2020 年四川省国民经济和社会发展统计公报［EB/OL］. 四川省统计局，2021-03-14.
⑤ 2020 年四川省国民经济和社会发展统计公报［EB/OL］. 四川省统计局，2021-03-14.
⑥ 2020 年四川省国民经济和社会发展统计公报［EB/OL］. 四川省统计局，2021-03-14.
⑦ 2019 年国民经济和社会发展统计公报［EB/OL］. 四川省人民政府网，2020-03-25.

境外投资企业累计达 1219 家。①

四是与国内其他省区开放合作成效显著。2016 至 2020 年，全省实际引进利用国内省外资金稳步增长。其中，2016 至 2019 年，全省实际利用国内省外资金数额呈加速增长态势，四年间全省实际到位国内省外资金分别为 1.1 万亿元、9977 亿元、10492.8 亿元和 10955.1 亿元，与上年相比的增长率分别为 1.2%、3.8%、5.2% 和 4.4%。遭受新冠疫情严重影响的 2020 年，四川引进利用国内省外资金尽管增长速度放缓，但仍然延续了增长态势，2020 年全省实际到位国内省外资金 1.1 万亿元，比上年增长 1.2%。②

（四）国内外开放合作联系紧密

近年来，四川四向拓展，全力开辟向外开放的战略通道，国内外开放合作联系日益紧密。

一是南向方面，四川与广西壮族自治区签订共同推进互联互通、贸易合作的战略协议，与香港、澳门地区建立了"川港合作会议机制""川澳合作会议机制"以及多个层面的合作备忘录。二是东向方面，大力推进长江经济带建设，拓展与泛珠各省区的合作交流，全方位落实泛珠合作各类议定事项，泛珠区域已成为四川省主要投资来源地，来自泛珠区域的资金占同期四川引进国内省外资金的比例近 30%。与中日经济协会签署《深化中日地域经济交流合作备忘录》，共建中国（四川）日本产业园并落地成都高新区。三是西向方面，有 50 余家来自英国、法国、德国等国家的机构和企业入驻"中国－欧洲中心"。中德（蒲江）中小企业合作区已累计完成基础设施建设投资 25 亿元，中法生态园已正式签订总投资 27 亿元的川能投－法能集团合资的分布式能源项目，在谈和储备项目达 36 个。四是北向方面，四川积极参与"一带一路"建设，大力支持建设中俄蒙经济走廊。

（五）人文合作交流日渐密切

在大力加强开放通道建设，推动对内对外经贸合作、产业合作的过程中，

---

① 2020 年四川省国民经济和社会发展统计公报［EB/OL］. 四川省统计局，2021－03－15.

② 四川实际利用国内省外资金数据分别来自 2016—2020 年四川省国民经济和社会发展统计公报。

随着国内外开放合作联系的日益紧密，国内外人文合作交流也日渐密切。

一是文化交流异彩纷呈。四川与文化部共建的摩洛哥拉巴特中国文化中心即将投入运行，成功举办"中国（成都）－印度国际瑜伽节"、2017年成都国际友城青年音乐周、"2017中国成都·金砖国家电影节"、第三届"中国－中东欧国家舞蹈夏令营"等一批有国际影响力的文化品牌展（节）会活动。2018年入境游客增长到369.8万人次，较2016年增长19.75％。二是教育、体育交流活动成效显著。开展设立成都市"一带一路"沿线国家政府奖学金工作。成功举办2017成都国际马拉松、铁人三项世界杯赛、首届"一带一路"春天印象成都国际乒乓球公开赛等18项国际重大体育赛事。三是科技合作方兴未艾。成都在美国波士顿、加拿大多伦多、韩国首尔、英国伦敦等城市共设立离岸创新创业基地18个，首倡并实施全球顶级科技园合伙人计划。在俄罗斯、德国举办"创业天府·菁蓉汇"专场活动，与以色列联合承办"全球青年科技创新日"活动，与新加坡联合举办"新加坡－成都"智能制造企业交流与对接会。

（六）开放服务能力加快提升

对外开放合作离不开围绕开放合作的各项服务。近年来，四川围绕开放发展积极创新服务方式、完善服务体系、提升服务水平，服务开放发展的能力逐渐提升。

一是积极落实优惠政策。成都高新区制定出台《关于推动"中国－欧洲中心"建设的若干政策》，重点支持欧洲及"一带一路"沿线国家的机构、企业、人才入驻，给予免除房租、装修补贴、启动资金、运营补助等一系列扶持政策。二是落实专业化服务方面，国开行省分行、进出口银行省分行加大对"一带一路"建设的信贷支持；咨询服务方面，召开了"一带一路"法律服务国际（成都）论坛，开展成都市"一带一路"法律服务专家团队遴选工作；南亚国家标准化研究（成都）中心获得国家标准委批准，正抓紧启动建设成都"一带一路"标准服务中心，为企业对外投资提供咨询服务。

第三节 四川协同开放的战略部署

四川省十一届三次全会提出加快形成"四向拓展、全域开放"立体全面开放新态势的战略目标以来,全省围绕这第一次世界大战略目标提出了"突出南向、提升东向、深化西向、扩大北向"的战略方针。按照战略部署,"突出南向",就是要主动融入国家中新合作机制,参与中国－东盟框架合作、中国－中南半岛中巴、孟中印缅等国际经济走廊建设。"提升东向",就是要积极参与长江经济带发展布局,加强与京津冀、长三角、华中经济区、中原经济区的合作。"深化西向",就是要优化释放中欧班列通道能力,发挥西部国际航空门户枢纽优势,推进对欧高端合作,着力打造丝绸之路经济带的重要支点。"扩大北向",就是要服务国家外交战略,积极参与中俄蒙经济走廊建设。

协同开放的目标、任务已经明确,但四川全面对外开放还存在开放通道平台建设不足、开放合作意识不强、开放合作领域有待进一步拓展、服务开放的营商环境不够优化、开放服务体系建设滞后等问题。在这种情况下,推进四川与国内其他省区及国外的协同开放,应紧抓区域协调发展战略、"一带一路"倡议、西部陆海新通道建设、成渝城市群一体化建议和 RCEP 协定、中欧 CIA 协定签订机遇,针对四川开放发展方面的不足采取相应举措,努力推动更宽领域、更深层次、更高水平的对外开放。

一、建设高效率国际大通道

聚焦打通出川大通道,布局"48＋14＋30"的国际航空客货运战略大通道,加快打造 7 条国际铁路通道和 5 条国际铁海联运通道,着力构建以双机场为核心、"空、铁、公"三位一体的现代立体交通体系,形成陆海互济、东西畅达、南北贯通的"四向八廊"战略性综合交通走廊和对外经济走廊。

(一)加密外向型航空网络

一是不断完善天府国际机场和双流国际机场的枢纽功能,推动双流国际机场扩能升级；用好成都至缅甸、印度尼西亚、印度等国家直飞航线，持续加密成都至东南亚、南亚重要枢纽城市及至港澳、澳新的航线航班。二是大力发展通用航空，加快四川通用机场、飞行服务站和航油配送中心布局建设。要加强四川原有机场扩容改造，建设成都新机场和乐山机场，迁建泸州、宜宾、达州机场，建设一批通用航空机场。三是积极支持国内外货代企业发展，建立以成都为核心的区域分拨中心，面向南亚、东南亚开行全货机定期航线，增强成都航空货运南向集散枢纽功能。

（二）完善铁路交通运输体系

一是加快推进成自宜、成南达万、渝昆等高速铁路建成投运，协调推进成昆铁路扩能改造工程和蓉昆客专规划建设，打通成都至磨憨、河口、凭祥的铁路通道，联通内陆南向重点城市。二是打通成都经泸州（宜宾）至贵阳的贵广高铁，建成通往粤港澳大湾区、连接贵南高铁通往北部湾经济区的高速铁路大通道；强化川陕、川甘等西北陆上丝绸之路节点省市的交通网络，推动南向铁路大通道与西向铁路大通道（蓉欧快铁）贯通，实现西向开放与南向开放的联动；加强与华北、东北等地区的联系，研究布局更优的四川北向高速轨道交通网络，连接环渤海地区和欧亚大陆桥。三是推进建设成都铁路局城厢铁路物流基地、中国西部现代物流港（遂宁）等物流枢纽建设自动化场站、智能型仓储等智慧物流设施，重点培育大型货运场站多式联运中心。

（三）推进公路物流枢纽扩能

强化"一带一路"和长江经济带的重要节点作用，推进西部重点城市互联互通，搭建"成渝西昆贵"高速公路骨架，贯通国家高速公路网，着力形成畅接辐射中西部、通达周边各省的高速公路网络体系。加快规划建设成都经济区环线高速公路，借助成乐高速扩容和成资渝高速公路、成宜高速公路建设，提升成都辐射带动能力，开通成都经昆明通过杭瑞高速、昆磨高速和开河高速至中南半岛各国的南向往返物流班车，提速与东南亚国家的贸易交流。打通成都经拉萨至南亚的公路货运通道，开通由成都经广西到新加坡的公路货运通道。

（四）提升航运出川通道能力

一是持续深化完善合作机制，构建港口间转运机制、制度创新共建共享机制以及航运物流信息互通机制；加强川内交通运输网络与航空港、铁路港的联动作用，优化铁水联运合作机制；加强川内地级市与西南地区沿边口岸城市合作，探索以无水港、铁水联运为依托的产业合作新模式。二是增强长江黄金水道川境段航道通行能力，加强泸州港、宜宾港基础设施建设，积极推进长江干线及沱江、嘉陵江等重要支线航道的治理。三是进一步发挥长江黄金水道的资源优势，开辟经万州进入长江的货运出海新通道，高质量建设国家开发口岸，破除东中西经济联动通道障碍，构建以上海、成都、重庆、武汉等国家中心城市为核心，以长三角、长江中游、成渝三大城市群为支点的经济联通网络。

（五）打造国际通信枢纽

优化和扩展现有国际直达数据专用通道，以广西、云南等为陆上通信网络桥头堡，汇聚相应陆缆边境站，实现与东南亚、南亚的互联互通。强化与陕西、湖北等周边省市的合作，形成西部国际通信网。强化国家级互联网骨干直联点功能和推进城域网出口宽带扩容，加快建设"宽带中国"示范城市，进一步提升成都国际通信能力。推进互联网数据中心建设，支持成都打造西部数据中心基地。

二、着力提升产业竞争力

协同开放的重点在于产业，推进四川与国内其他省区、与国外其他国家和地区的协同开放，迫切需要四川产业的高质量发展，提升产业竞争力。

（一）增强区域创新创造能力

一是深化重点产业全产业链制度创新。围绕能源化工、先进材料、电子信息、食品饮料、装备制造5个万亿级支柱产业，和以数字经济为主体的四川产业的高质量发展，探索创新便利电子信息、高端装备制造、先进材料等战略性新兴产业合作研发的制度、机制。同时，大力发展生物医药、集成电路等重点产业，提升四川数字经济、服务经济和创新经济在全球价值链中的能级。二是提升科技创新整体实力。充分发挥成都市资金、技术、人才资源优势，利用成都全国科技创新中心和绵阳国家科学城地位，强化对周边地区的辐射扩散作用。同时，开展境外科技合作，支持国家级开发区、自主创新示范区与国外高新技术园区、高端技术研发基地开展合作，共建科技园区，推动科技转移；鼓励有实力的企业、科研院所、高校结合各国家需求，与相关机构合作，设立境外研发中心、联合实验室、工程技术中心及科技型企业孵化器，促进科技资源互联互通。三是优化创新创业环境，构建有活力、有竞争力的技术创新体系，逐步完善创新创业的激励措施和机制，促进战略性新兴产业和高新技术产业的聚集与创新发展；同时加强高层次人才交流与培养；多渠道引进高层次人才。

（二）注重品牌、标准塑造

一是推动企业树立品牌意识。借鉴国内外企业成功的品牌成长、运作经验，打造质量过硬、科技含量足、市场知名度高、全球美誉度好的"四川造""四川创"品牌，使四川产品在竞争中提高差异化、特色化水平，使品牌成为企业个性化和企业形象的标志。二是激活文化基因培植川蜀品牌。要植根民族经济土壤，从四川特殊文化中汲取精华，积极创立自主品牌；发挥工匠精神，在产品质量上精益求精、管理上科学精细、工艺上追求精致；钻研核心技术，坚定不移地走科技创新之路，在新技术、新工艺、新方法上掌握主动权、主导权，加大中国品牌、四川品牌竞争优势。三是参与并引领标准制定。打通四川产品"走出去"标准通道，围绕四川"5+1"现代产业体系，积极参与甚至引领制定国际标准，抢占产业制高点，畅通四川产品和服务走出去通道。

（三）加快培育参与和引领国际经贸合作竞争的企业主体

一方面，推动组建大型企业或企业集团。要研究编制四川企业评价指标体系，认定和选择一批具有一定规模和对外投资开发经验、经济实力较强的跨国涉农企业进行重点支持。鼓励通过兼并、重组和强强联合等方式，延伸加工、物流、仓储、码头等投资领域，打造具有一定国际竞争力的大型跨国企业。另一方面，促进中小企业形成"走出去"集群。鼓励"走出去"龙头企业与四川生产资料、设备等产业链上下游企业合作，带动有"走出去"意愿的企业组成产业集群，不断拓展"走出去"企业的贸易投资领域。鼓励中小企业建立联盟，进行集约式对外投资，增强竞争力，实现规模经济效益。另外，要引导"走出去"的企业积极适应国际化环境，进行充分的调查研究，制定有步骤的国际化战略，并根据国际市场及投资国环境变化，实施市场多元化策略，适时调整"走出去"战略。鼓励"走出去"的企业建立与国际接轨的法人治理结构，强化跨国文化管理，制订具有鲜明东道国风俗习惯、文化背景和市场特色的营销策略。鼓励"走出去"的企业与东道国企业的合资和合作，与国际非政府组织以及东道国民间机构强化沟通，积极承担社会责任，宣传品牌正面形象。

三、搭建高层次开放合作平台

协同开放需要有开放载体，高水平协同开放离不开高层次开放平台。针对四川开放平台建设不足的现实，实现更高水平的协同开放，需要打造高层次开放合作平台。

（一）推进自贸区高水平开放平台建设

在自贸区建设方面，要密切跟踪中美贸易摩擦和国际经贸规则重构的发展变化，发挥自贸试验区在统筹双向投资合作、加强产能合作、推动贸易便利化、服务贸易创新、口岸服务及监管机制、畅通国际开放通道、金融领域改革创新、转变政府职能等方面的先行先试优势，对标零关税、零贸易壁垒的国际贸易新标准，围绕《自由贸易试验区外商投资准入特别管理措施（负面清单）（2021年版）》，探索推进法律透明度、信息化程度等贸易和投资自由化便利化，健全负面清单管理制度，推动标准、管理、规则、规制等制度型开放。依托成都国际铁路港建设"蓉欧+"战略示范区，积极拓宽全域开放的对外交往中心，全面增强国家自主创新示范区、天府新区自贸试验区功能，探索创建内陆自由贸易港。

（二）增强园区对外开放承载能力

统筹把握高新区、开发区等开放载体建设质量，借鉴国外城市规划管理先进经验和做法，按照产城融合、区域一体、对外开放的思路，加快编制完善园区规划。适度超前建设园区基础设施，创新投资模式，鼓励各类资本参与园区建设，加强智慧园区、生态园区建设，提升园区承载能力，建设更多海关特殊监管区域、国别合作园区等开放平台。不断提升中德、中法、中意等国别合作园区共建层次，加快推进国际铁路港经济技术开发区、中国（四川）－东盟自由贸易合作中心、"一带一路"对外交往中心、中国－欧洲中心等开放载体建设，打造开放合作高质量载体，吸引和集聚外资、外经、外贸、外事。

（三）提升口岸服务功能

推进口岸现场一站式联合作业。制定航空、铁路、水运口岸作业、报关报检、查验等环节的工作和服务标准，推进国际贸易"单一窗口"建设，提高整体通关效率；规范口岸各环节收费，持续减税降费，建设和完善跨境电子商务综合服务平台。充分发挥中国民航业发展第四极引领带动作用，统筹推进成都天府国际机场空港铁路货站、成都龙泉驿铁路货站、成都天府国际"空铁公"多式联运物流港等项目实施，提升成都国际铁路港、宜宾港、泸州港建设水平，协同推进机场、铁路港、港口等国家开放口岸联运作用，充分发挥成都的集散枢纽作用，拓展同北部湾港区、"一带一路"沿线国家口岸区域对接联通，全面增强国际空港枢纽、国际铁路枢纽承载辐射和要素集聚能力。

四、营造高水平营商环境

营商环境的优劣不仅直接影响协同开放的服务水平，而且关系到协同开放的效率、质量和水平。面对服务开放的营商环境不够优化的现实，四川要实现更深层次更高水平的协同开放，就要大力营造高水平的营商环境。

（一）建立高标准市场体系

一是探索推进开放型经济体制改革创新。在这方面，要赋予自贸试验区更大的改革创新自主权，支持自贸区、天府新区、国别园区、经开区相关改革试点，进一步放宽市场准入，执行国家不断缩减的外资准入负面清单，推动农业、服务业和制造业全产业扩大开放，提升教育、金融、文化、电信、医疗等领域的开放程度。二是降低制度性交易成本。进一步深化"放管服"改革，最大限度减少政府对资源的直接配置，简化审批流程和环节，搭建数字治理平台，推行网上审批和服务，加快实现一网通办、异地可办。全力打造高效、便捷、科学的集成改革体系，提升事中事后监管能力。三是构建对规则等制度型开放的科学有效评价指标体系。需要加快与国际通行经贸规则对接，建立适应规则等制度型开放发展要求的科学评价新机制，健全产权和知识产权保护制度，加强企业商业秘密保护，加强外商合法权益保护。

（二）探索省内外协同开放优质环境

一方面是要鼓励"省内开放"。通过产业协同、平台共建和制度对接，引导支持具备条件的省内地区与四川自贸区协同推进改革创新，将自贸试验区的改革红利加快辐射到全省。另一方面是鼓励支持四川与省外其他国内城市合作：一是进一步借鉴"飞地经济"模式，深化与国内其他自贸试验区的合作。以制度创新为核心，学习借鉴天津、福建、广东、上海等自贸试验区深化改革方案，加强与粤港澳大湾区、长三角、京津冀等区域的合作，推动形成具有内陆特色的制度创新路径。二是发挥空、铁、公、水多式联运优势，探索多式联运新模式，深化多式联运一单制改革，多点布局协同开放平台，努力建设一批内陆与沿海沿边沿江协同开放的示范区。

（三）创新开放合作模式

一是加强对外投资信息服务。要搭建境外投资地区及产业指引公共信息服务平台，利用四川驻外办事处、各行业协会、我国驻外使领馆等渠道，全面收集和发布投资合作国及潜在需求国自然资源、招商引资、产品市场等信息及相关投资预警信息；跟踪搜集企业在"走出去"中遇到的困难与问题，积极反馈到相关部门，并邀请在"走出去"方面做出成绩的企业分享经验。二是加强对外交流合作。组织企业到各国开展国际市场调研，参加交易会、博览会，进行商品展示、展销和推介，为四川企业"走出去"探路。鼓励四川企业主动参与国家对外基础设施、工业等援助项目，建立友好交流合作关系。开展人文合作交流，进一步深化与周边国家城市文化的交流活动，利用成都熊猫基地、杜甫草堂及绵阳、泸州、宜宾等旅游品牌拓展海外旅游市场，用好国际友城留学生政府奖学金，吸引更多国家优秀人才来川留学，扩大四川的国际影响力。

五、优化全方位区域开放格局

开放格局是影响开放规模、开放水平的重要因素，推动四川形成更宽领域更深层次更高水平的对外开放局面，需要优化开放格局，形成全省范围内全方位的区域开放新格局。

（一）增强"首位城市"引领辐射带动作用

成都是四川的开放门户、开放枢纽，推动四川更高层次更高水平地开放，需要继续增强并充分发挥成都作为开放"首位城市"对全省协同开放的引领、辐射和带动作用。为此，要依托"一带一路"建设深度融入国际经济体系，加快构建"主干"门户枢纽、科技创新、产业圈引领、金融服务、文旅共兴等功能平台，推进成都国际化进程，打造国家内陆开放经济高地和区域创新高地、加快构建现代产业体系、助推西部金融中心和三城三都建设，提升成都国际知名度、形象力和话语权。

同时，增强成都现代化都市圈建设带动作用。充分发挥成都作为内陆开放前沿区和国内外产业、资本、人才汇集西部的首选地的溢出效应，带动都市圈开放发展、创新发展、高质量发展。

此外，推动五大经济区协同发展，要加强各经济区规划对接、市场开放、改革联动、创新协同、服务共享、设施互通，努力在重大公共服务平台共享、重大战略资源统筹、重大交通基础设施互通等方面取得实质性突破，着力打造优势互补、合作共赢的区域发展共同体。

（二）加快培育次区域经济增长点

根据全省各市州资源各有特色、产业基础水平迥异、对外开放水平和层次参差不齐的特征，各经济区或区位条件相似的市州应该抱团合作，大力促进"五区协同"发展，共同寻求最优分工合作格局，培育次区域经济增长点。

要促进川南城市群开发开放，发挥泸州、宜宾的港口作用，优化沿江产业布局，积极发展临港经济和通道经济，持续将川南经济区建设成为全省南向开放重要门户和川渝滇黔结合部区域经济中心，打造全省第二经济增长极。要发挥川东北城市群地处西安、武汉、重庆、成都四大城市交汇处的优势，加快构建高效连接通道，加强区域经济贸易合作，推动川渝陕甘区域合作发展，形成区域性开放高地。攀西经济区要依托出川大通道，深化与粤港澳大湾区、北部湾经济区合作，参与中国－东盟框架合作、孟中印缅等国际经济走廊和西南出海大通道等对接建设，形成连接泛亚的对外开放捷径。川西北生态示范区依托东西部扶贫协作和省内外对口支援等各类帮扶平台，拓展合作交流空间。

（三）全力加强省际区域合作

一是探索与云南、广西、广东、香港、澳门等省份或者特别行政区合作推进境外经贸合作。探索建立跨区域城市间产业协作配套、科技协同创新、金融区域协作等机制，加强与昆明、南宁等城市的协作，共同参与基础设施、资源能源、园区开发等投资建设，围绕电力、装备制造、化工、建材、轻工及物流等重点领域，实施一批重点产能合作项目。精准对接粤港澳大湾区建设，强化川港合作会议机制，加快建设川港合作示范园，加强与香港、澳门在软件服务外包、金融等服务贸易方面的合作，运用港澳的地理、语言优势拓展其他国际市场。加强同云南、广西在东南亚、南亚地区共建共享投资合作园区或产能合作园区，形成南向投资合作合力。二是继续瞄准长三角、长江中游城市群等地区开展交流合作。加强与上海、杭州、苏州、舟山、武汉等沿海沿江城市、自贸试验区和港口合作，重点深化高端产业、科技创新等领域合作，引导沿海沿边沿江优势产业向内陆地区转移集聚，科学承接东部沿海地区劳动密集型产业以及生态环保产业、高技术产业和战略性新兴产业。加快建设海峡两岸产业合作区，强化在金融和农业方面的合作交流，进一步挖掘四川与台湾在电子信息产业方面的合作潜力。三是深化和扩大西向北向开放合作。依托成都国际铁路班列，加强与陕西、甘肃、新疆等西北地区的经贸联系，强化风电设备、太阳能光伏、光热产品研发、煤炭、石化、天然气等资源综合利用方面的合作。促进四川与华北、东北在能源、文化旅游、特色农产品等产业领域的合作。

第二章 DIERZHANG

区域协同开放的着力点

第一节　区域协同存在的主要问题和挑战

近年来，四川充分利用优势，纷纷与有关区域合作，承接产业转移，产业结构升级明显。但四川与东部发达地区仍然存在不小的发展差距，与发达国家差距更大，四川仍然需要进一步通过协同开放集聚国内外优势资源，推进四川快速发展仍然是四川当前发展的主流。为此，需要深入认识四川协同开放中存在的问题、认清当前面对的挑战，找准四川对内开放中的病因，这对进一步扩大对内开放、协同推进四川发展具有重要意义。

一、地区协同发展取得了进步

四川具有较为齐全的工业门类禀赋，部分产业具有优势，有利于四川对外开放的加快，在国内协同发展上也取得了长足进步，建成了一批交通通道和物流基地。

（一）四川与各地合作日益加深

改革开放以来，四川狠抓对内开放，大力与国内各省区合作，取得了丰硕的成果。从改革开放到 2018 年，四川引进国内省外资金到位超过 9 万亿元，到位外资额 929.59 亿美元。另外，四川省招商引资规模呈加速趋势，1998 年到 2008 年，引进到位国内省外资金合计约 8000 亿元，而仅 2018 年就已达 1.05 万亿元。[①]

四川与国内多数省的经济交流非常密切。据统计，在川投资的重庆民营企业达 5 万余家，在渝投资的四川民营企业则达 10 万余家。仅 2018 年，四川引进重庆投资达 1457 亿元，而四川企业到重庆投资达 1696 亿元。四川和重庆市工商联于 2006 年就建立跨区域民营经济合作交流机制，已举办 9 届合作峰会，

---

① 杨雪，姚箬君，易弋力. 四川已引进到位国内省外资金超 9 万亿元　到位外资额 929.59 亿美元［N］. 华西都市报，2019－09－19（01）.

签约项目达 179 个，合作金额达 1033.4 亿元。^①

四川与长三角地区交流在逐步加深。从 2010 年 1 月至 2015 年 6 月，四川共引进浙江、上海、江苏企业投资到位共 7440 亿元，占同期全省引进到位国内省外资金总额的 17.4%。长三角成为四川引进内资主要来源地之一，合作活跃。同时，川企也纷纷沿江出川，已有超过万家企业在浙江、上海和江苏投资。^②

四川与粤港澳地区的协作正在推进。2004 年至 2007 年，四川省引进广东省到位资金 570 亿元；2010 年至 2015 年，该资金数额超过 6000 亿元，居各省份在川投资项目到位资金的第三位。目前广东省的华为、比亚迪、恒大、平安银行、腾讯、唯品会等企业纷纷在四川投资，推动了四川的产业升级。而四川部分企业也积极在广东省投资或设立分支结构，据统计，有超过 1 万家四川企业在广东设立分支机构^③，包括长虹、九洲、新希望、华西等企业。广东省拥有全国最大的川商群体，也是四川借船出海的重要跳板。

四川与京津冀区域的合作也在不断深化，一方面，四川作为西部人口最多、经济规模最大的省份，一批总部在北京的央企纷纷将四川作为其重要的产业基地；另一方面，四川也承接了一批在北京的大型企业、高科技企业的投资，如京东方、清华紫光、联想、百度、字节跳动、京东等。

（二）产业齐全，部分产业具有优势

四川 41 个工业部门均有一定规模，体现四川在我国的重要地位，基本形成较为独立完整的工业体系。根据《2020 年四川省国民经济和社会发展统计公报》，2020 年，四川制造业有规模以上企业 14843 家，增加值 1.34 万亿元^④，为我国西部地区工业规模最大、产业最齐全的省份，成为国家重要的战略经济区域。其中电子信息、装备制造、饮料食品、先进材料、能源化工等规模较大，在全国排位靠前，并形成了一系列的优质产业链。

---

① 熊英英. 川渝合作持续推进：在重庆投资的四川民企达 10 万余家 [N]. 华西都市报，2020－11－02（01）.

② 曾小清. 浙沪苏 7440 亿元投资入川　上万家川企长三角投资兴业 [N]. 四川日报，2015－08－31（01）.

③ 熊筱伟. 川粤合作：携手新未来 [N]. 四川日报，2018－10－15（01）.

④ 2020 年四川省国民经济和社会发展统计公报 [EB/OL]. 四川省统计局，2021－03－15.

包括软件在内的四川电子信息产业于 2019 年已超过 1 万亿规模，形成了集成电路、新型显示与数字视听、智能终端、软件、移动互联网应用、卫星应用电子、航空电子设备等较为完备的优势产业链体系。其中部分电子信息细分行业居全国前列，军事电子装备整体实力居全国第一位，网络信息安全居全国第二位，大数据应用居全国第四位，集成电路产业规模居全国第五位，移动通信手机产量达到 1.43 亿部，居全国第四位，微电脑产量 1.44 亿台，居全国第二位。四川是全国第五大国家级软件产业基地。①②

四川食品饮料产业在全国优势明显，2021 年，四川省食品饮料产业实现营业收入 10030.2 亿元。③ 特别是四川白酒产量居全国第一，涌现了五粮液、泸州老窖、剑南春、古蔺郎酒、水井坊、沱牌舍得等全国著名品牌。另外，依托四川丰富的农业资源，粮油、肉制品、调味品、果蔬、林竹产品、方便食品、茶叶、包装饮用水等产量居全国前列，形成一些细分行业冠军。

四川装备制造业基础雄厚，在发电设备、飞机制造、核电装备、钻采设备、轨道交通等领域全国领先。一些细分行业、产品生产具有世界领先水平，如研发出世界首台高温超导磁悬浮高速列车，发电设备、核电装备、军用飞机等研发制造能力世界一流。涌现出东方电气、中国二重、宏华集团、成飞集团、成发科技、中车成都机车等一批著名本土企业。④

（三）已建成一批交通通道和物流基地

交通和物流是参与国内合作的基础。近年来，四川交通和物流建设取得了巨大进步。根据《2020 年中国统计年鉴》，截至 2019 年，四川建成铁路 5254 公里，名列全国前茅。目前，四川基本建成通向京津冀、长三角、粤港澳等高铁网络。通向京津冀和粤港澳，实现 8 小时高铁到达；通向上海，实现 12 小

---

① 陈健，袁秋岳. 四川"万亿级"电子信息产业版图成型 [N]. 经济参考报，2019－11－20（01）.

② 朱雪黎. 四川首个万亿级产业即将诞生　电子信息"万亿版图"如何绘就 [N]. 四川日报，2020－01－21（10）.

③ 张彧希. 继电子信息产业之后，时隔两年——四川食品饮料产业跨入"万亿级" [N]. 四川日报，2022－02－22（02）.

④ 肖雨杨. 到 2022 年产业规模突破 1.2 万亿元　四川装备制造业"链式"谋变 [N]. 四川日报，2018－12－11（10）.

时高铁到达；成都到兰州，实现 7 小时高铁到达；从成都与重庆，实现 1 小时高铁到达。目前，四川正在建设和即将建设通向外省的高铁、快速铁路有成都—自贡—宜宾高铁、成都—达州—万州高铁、**成都—青海（兰州）铁路**、川藏铁路雅安—林芝段、重庆—泸州—宜宾—**昆明高铁**、重庆—达州—西安高铁。这些铁路的修建，将极大提高四川与各省的交通便捷度。

截至 2019 年，四川建成公路 33.7 万公里，其中高速公路达到 7523 公里，分别居全国第一位和第二位。除了西藏、**青海**，四川与周边的重庆、贵州、云南、甘肃、陕西等省市均有直达高速公路。目前，四川建设了双流国际机场、天府国际机场，成都成为全国第四大国际航空枢纽。绵阳、泸州、宜宾、南充、西昌、攀枝花、达州、广元、九寨黄龙、巴中、甘孜康定、稻城、阿坝州红原等市县均建有民用机场，方便与国内外城市的交通。目前四川内河航道有 1.08 万公里。宜宾、泸州、乐山、南充等城市均建设了内河港口，有利于多样化的货物运输。

四川各城市根据区域条件，建设了**物流园区等**。四川已完成物流园区规划，成都布局一级物流园区，绵阳、达州、**泸州、南充**、宜宾、**遂宁**、攀枝花布局二级物流园区，其余市州中心城市布局三级物流园区。各市依据自身交通优势，建设陆港、河港或空港，并依托港口建设开发区、贸易区等。这些港口成为各地参与国内、国际合作的前沿，带动了**各地合作和经济交流**。

二、区域协同存在的主要问题

（一）交通和物流不畅问题仍然明显

目前，交通不畅问题仍然是四川省开展合作与交流的重要障碍。四川与长三角城市的高铁由各段线路组成，其中重庆到南京之间一般为时速 200 公里及以下标准铁路，制约了四川与长三角的交流，**使当前成都到上海耗时较多**。四川到粤港澳高铁的时速也在 250 公里及以下，**还有提升的空间**。四川到北部湾地区还未实现全程高铁。目前成都到云南、**西藏、青海、兰州**的直通高铁或快速铁路正在建设，到建成还需要一定时间。**现在从成都出发的中欧班列较多，居全国前列，但中欧班列经过的兰新铁路运输已成饱和状态**。四川直达北部湾的货运大通道尚未建成。

四川河道多，但目前金沙江、沱江、渠江、涪江等内河航道等级低或处于未开发状态，沿岸港口建设滞后。市县民用机场存在航线开通少的问题。

物流园区建设滞后，物流难以满足国内合作发展需要。物流对经济的集聚力、带动力有限，物流园区与经济开发区结合不紧密。物流形式虽呈多样化，但仍难以适应发展需要，特别是涉及国际货运的物流有待提升，涉及陆海、陆水等联运的物流也十分不足。四川本地物流公司缺乏，一定程度上制约了供应链的提升。

（二）产业仍然偏弱

表 2-1 为 2018 年四川与广东、江苏、浙江前 10 大制造业行业比较，从中可以看出，广东、江苏、浙江制造业超 5000 亿元的分别有 5 个、8 个和 3 个，其中广东和江苏超过 1 万亿元的分别有 2 个和 3 个，而四川没有一个制造业行业主营业务收入超过 5000 亿元。在前 10 大制造业行业中，四川第 10 大制造业为电气机械和器材制造业，主营业务收入仅 1409.9 亿元，而广东省、江苏省和浙江省第十大制造业行业主营业务收入分别为 3481.4 亿元、3784.3 亿元和 2689.3 亿元。广东、江苏和浙江主营业务收入超过 1000 亿元的制造业行业分别有 23 个、22 个和 19 个，四川仅有 14 个。综上所述，四川制造业规模与广东、江苏、浙江三省差距较大。

表 2-1 2018 年四川与广东、江苏、浙江前 10 大制造业行业比较

排序	四川 行业名称	主营业务收入（亿元）	广东 行业名称	主营业务收入（亿元）	江苏 行业名称	主营业务收入（亿元）	浙江 行业名称	主营业务收入（亿元）
1	计算机、通信和其他电子设备制造业	4782.7	计算机、通信和其他电子设备制造业	38755.6	计算机、通信和其他电子设备制造业	17448.3	电气机械和器材制造业	7263.7
2	非金属矿物制品业	3480.3	电气机械和器材制造业	13975.1	电气机械和器材制造业	13620.9	化学原料和化学制品制造业	6635.1
3	酒、饮料和精制茶制造业	3042.6	汽车制造业	8427.6	化学原料和化学制品制造业	12318.1	汽车制造业	5360.9
4	汽车制造业	2896.2	化学原料和化学制品制造业	5978.3	黑色金属冶炼和压延加工业	8849.4	通用设备制造业	4747.7
5	农副食品加工业	2371.2	金属制品业	5678.2	通用设备制造业	7817.6	计算机、通信和其他电子设备制造业	4449.9
6	化学原料和化学制品制造业	2352.7	橡胶和塑料制品业	4856.9	汽车制造业	7023.0	纺织业	4258.9
7	黑色金属冶炼和压延加工业	2272.6	非金属矿物制品业	4814.5	专用设备制造业	5833.4	有色金属冶炼和压延加工业	2817.1
8	通用设备制造业	1658.0	通用设备制造业	4035.0	金属制品业	5649.3	金属制品业	2805.9

| 排序 | 四川 | | 广东 | | 江苏 | | 浙江 | |
	行业名称	主营业务收入（亿元）	行业名称	主营业务收入（亿元）	行业名称	主营业务收入（亿元）	行业名称	主营业务收入（亿元）
9	金属制品业	1611.0	文教体育用品制造业	3565.7	纺织业	4973.3	化学纤维制造业	2791.2
10	电气机械和器材制造业	1409.9	石油加工、炼焦及核燃料加工业	3481.4	非金属矿物制品业	3784.3	非金属矿物制品业	2689.3

注：根据2019年四川、广东、江苏、浙江统计年鉴中的有关数据理整理而成。

在四省前5大支柱制造业中，广东除了金属制品业之外的其余4个行业均为中高和高技术制造业；江苏除了黑色金属冶炼及压延加工业之外的其余4个行业也为中高和高技术制造业；浙江5个支柱制造业全部是中高和高技术行业；而四川仅2个中高和高技术行业，即电子信息制造业和汽车制造业。而低技术制造业，四川有2个，即酒、饮料和精制茶制造业、农副食品加工业，广东、江苏和浙江没有低技术制造业。

（三）受发展环境制约，招商引资有待提升

首先，从硬环境看，四川缺乏海港。四川大宗货物的进出口，需要通过沿海港口转运。因此，四川的企业发展进出口贸易，除了需要担负海运运输成本之外，还需额外支付从沿海到四川的铁路、公路或内河航运的运输成本。因此，发展大宗制造业产品的进出口贸易，与沿海地区相比，四川没有优势。沿海地区发展工业，能更好地利用国内、国际市场。而四川的制造业发展，特别是中低端和部分高端制造业，受运输制约，其产品市场主要针对国内市场。这种市场条件的差异也在一定程度上制约了四川制造业的发展，制约了四川对外来企业和产业的承接。

其次，由于四川经济发展相对滞后，工资水平相对较低，这也降低了四川对人才的吸引力。沿海地区经济相对发达，依靠高工资吸引了大量人才，对西

部人才形成极化之势，导致西部人才流失严重。由于人才不足，四川产业发展受到影响，制约了四川的招商引资和对外开放，也制约了四川高技术产业的发展。

再次，在制度和社会服务方面，各省社保、医保还没互通，医保不能实现跨省就地结算，一定程度上制约了外地人到四川就业、创业的积极性。四川与外省存在一定程度的政策差异，也影响了四川良好的投资环境的营造。四川人文环境总体是开放的，但在中小城市存在社会服务不完善的问题，一些外省人到中小城市难以获得满意的生活服务。

（四）与各区域合作不够深入

与东部地区合作。四川与东部地区存在空间距离较远，运输通道不畅、运输成本高的障碍。四川与东部地区进行贸易，存在较高运输成本的障碍，与中部地区相比并不具备优势。承接东部地区产业转移，也存在投资环境与东部地区差距较大的障碍。而与中西部地区合作，由于中西部地区均为全国发展滞后区，发展层次相近，产业结构相近，产业合作不够深入。目前四川与周边地区合作重点在交通基础设施建设的互联互通方面，而深层次的产业合作有待深入。四川虽然经济规模在西部最大，但对西部省区的辐射带动也十分有限。

（五）部分市州开放合作的主动性不足

受投资环境不完善、经济发展层次较低、资金不足等因素影响，四川部分市州开放合作的主动性不强，"等靠要"思想仍然存在。四川部分市州对招商引资显得主动性不够，认为招不到企业，所以就不招商。由于招商需要一定资金实力，需要为企业提供一定的资金支持，部分财力有限的市州难以支撑。特别是对高科技企业、高科技孵化项目，更是要地方政府投入巨大资金，大部分市州由于财力有限难以吸引这类项目，导致四川高科技企业高度集中于少数市州。东部地区有大量产业集群，集群内部分企业有扩张的愿望。而四川对这些集群了解不足，积极性也不够。与东部发达地区合作的不足，导致四川缺乏与东部发达地区的合作园区，缺乏承接东部地区产业转移的飞地园区，这也在一定程度上制约了四川的开放。

（六）四川本地企业实力有限，制约了四川对西部各地的支撑

区域间合作，主要以企业为主导。特别是诞生于本地的企业，具有长期扎根本地的特点，其对外投资是区域经济实力、区域辐射力的重要体现。而外地转移来的企业，一般缺乏对外投资能力，且这些企业资本趋利性强，当本地发展条件不适合企业盈利后，即会转移至他地。四川的本地企业有限，缺乏有实力的龙头企业，导致四川对外省的投资能力、辐射能力有限。2020年，全国有129家企业进入世界500强，西部地区的陕西和新疆各有2家企业、广西和甘肃各有1家企业进入世界500强。四川虽然经济规模比上述西部省份都大，但四川没有一家企业进入世界500强。2020年全国500强企业中，四川有15家，名列全国第九位，低于四川GDP在全国第六位的排名，而广东、江苏、浙江分别有57、45、43家，四川与三省差距巨大；北京、上海分别有97和30家，四川也与两个直辖市有较大差距。①

三、区域协同面临的挑战

在两个大变局的交汇处，四川与全国一样，对外开放同样面临国内、国际的双重挑战，外加劳动力成本的上升，区域协同面临诸多挑战。

（一）新发展格局的挑战

2020年10月，中共中央十九届五中全会通过的《中共中央关于制定国民经济和社会发展第十四个五年规划和二〇三五年远景目标的建议》提到，要加快构建以国内大循环为主体、国内国际双循环相互促进的新发展格局。新发展格局，是我国面对世界新形势的应对之策，要将发展机遇牢牢掌握在自己手中。新发展格局以坚持扩大内需为战略基点，培育完整的内需体系。同时，我国是全球的一员，与世界各国是不可分割的命运共同体，坚持开放，与世界各国互利共赢，与世界各国创造美好未来是我国的愿望。新发展格局下，要求我

---

①　于泳. 刚刚，中国企业500强榜单揭晓！全名单→［EB/OL］. 经济日报微信公众号，2020—09—28.

国利用庞大的市场，完善的国民经济体系，推进国民经济的不断创新、不断升级，解决产业的各种"卡脖子"和瓶颈问题，高质量推进国民经济的完整性，创造世界顶尖的科学技术和产品。

新发展格局给四川带来了挑战。国内大循环，东部地区部分外向型企业将积极参与国内大循环，开拓国内市场，这无疑加大了国内竞争压力，对长期以国内市场为主的四川企业形成了一定的冲击。特别是四川轻工业相对不足，大多优势产业技术含量不高，大部分制造业处于全国产业链低端，发展压力更大。

（二）世界贸易变局的挑战

目前，以美国为首的西方发达国家，为遏制我国的发展，一方面提高这些国家对我国部分产品的进口关税，限制我国传统优势产业的出口。另一方面，将我国部分高科技企业纳入实体清单，不准我国高科技企业产品进入其市场，也限制其尖端高新技术、产品流入我国高科技企业。这些措施，制约了四川与发达国家的合作，使四川发展难度加大。

（三）区域竞争加剧的挑战

目前，全国区域竞争加剧，一定程度上制约了四川与各区域的合作。在与东部地区的合作方面，一是东部地区凭借发达的经济基础、完善的产业配套、良好的投资环境，不断集聚全国发展要素，而四川则面临人才、劳动力、资金流失的压力；二是东部地区从保护本地 GDP 等角度考虑，事实上对转移产业并不积极，再加上四川产业链不健全，许多东部地区企业对投资四川并不积极；三是四川与东部省市存在产业层次差异，在与东部省市竞争中，面临产业锁定低端的压力。

四川与中西部地区省区，由于产业层次相近，发展条件相似，相互竞争更为明显。即四川与中西部省区在承接东部地区和发达国家产业转移方面，存在极大的竞争；同时由于四川与中西部的产业层次相近，事实上存在产业的市场竞争。

四川和重庆市同处成渝地区双城经济圈，山水相连、人文相亲。但四川和重庆存在一定的产业共性，存在产业竞争。同时成都市和重庆市支柱产业相似度较高，两市均提出建设西部经济、金融中心的发展目标，在数字经济、软件、互联网等产业领域竞争明显，两市在计算机、通信及其他电子产品制造业、汽车制造造业方面产业结构相似。由于重庆市人均 GDP 比四川高，一定程度上存在对四川省的极化。同时，重庆市的企业尽力将重庆市的供应链放在重庆，而四川省的企业，也尽力将其供应链放在四川，这种现象在汽车和电子信息产业方面较为普遍，导致两省市存在明显的协作障碍。

（四）劳动力成本上升的挑战

随着我国经济的发展，劳动力成本不断上升，四川面临劳动力成本优势丧失的挑战。虽然 2020 年四川货物进出口额已经超过 1000 亿美元，但其出口主要由电子信息制造企业贡献，这也是四川最大的制造业行业，但其产值主要是由外来企业创造的。由于四川劳动力成本不断上升，四川外向型电子信息企业面临转移到劳动成本更低国家的可能。如果这些产业转移出去，四川将面临产业流失、发展难以为继的压力。目前广大发展中国家，包括东南亚、南亚、非洲等国家劳动力价格低廉，四川对承接东部地区产业转移已没有太多劳动力优势，这无疑增添了四川招商引资的难度。

第二节　通道经济建设

交通是开放合作的基础。跨区域交通建设既是区域合作的成果、合作程度的体现，又是区域之间开放合作的必要条件。通过各类交通的建设，彻底消除四川的交通障碍，为企业降低物流成本奠定基础。因此，需要超前、高标准建设四川开放通道。既要充分利用四川的有利条件，完善水、陆、空交通体系建设，也要建成高、中、低搭配的复合型通道，为区域之间经济交流提供更多的交通选择。以良好的交通通道为基础，以便利的区域开放合作为驱使，尽力沿重点通道布局开发区、物流园区，培育和引进各类物流企业，推进经济向通道集聚，形成通道经济。

一、高质量提升交通通达性

加快形成高速、高铁、水路与空港四位一体的立体交通网，使四川成为西南重要枢纽与洲际航空中转地，是未来四川通道经济建设的重点。

（一）铁路建设

目前，铁路仍然是内陆地区长距离客货运输的主要通道。在四川不临海、缺乏海港的不利条件下，特别是省会城市成都还缺乏内河港口的条件下，大力建设高速铁路、快速铁路显得极为重要。

尽快建成成都经南充、达州到万州的高速铁路，该铁路全程时速 350 公里，为成都到上海高速铁路的组成部分，打通后，将形成成都到长三角的客运快速通道；同时，该铁路联通万州到郑州铁路，可通向北京，将完善四川通向京津冀区域的高速通道；建设成都经巴中到西安的时速 350 公里的铁路，打通四川经西安通向北京和京津冀的快速通道。建设成都经自贡、泸州到贵阳的时速 350 千米的高速铁路，打通成都到广州和粤港澳区域的高速铁路通道。加快成都经自贡、宜宾到昆明的时速 350 公里调整铁路建设，通过昆明，打通成都到东南亚、南亚地区的快速通道。加快成昆复线建设，建成通向云南的第二条快速铁路。加快建设川藏铁路，建成后，通过拉萨，打通成都到南亚的第二通道。尽快建成成都到西宁、兰州高速铁路，打通成都到亚欧大陆桥的快速铁路通道，畅通成都到西北各省以及中亚、中东、欧洲的通道。尽快打通成都到格尔木的快速铁路通道，连接格尔木到库尔勒铁路，打通成都到南疆的通道，进一步联通中亚、欧洲等。尽快开工建设成都经安岳到重庆的高速铁路，使成都到重庆的客运时间缩减到 1 小时以内，促进成都与重庆的合作。

加快对成渝铁路成都到隆昌段建设，对隆昌到叙永铁路进行复线改造，并尽快建成叙永到贵州黄桶复线铁路，连接黄桶到百色铁路、南昆铁路，打通成都到北部湾的快速货运通道，建成成都到北部湾港口的西部陆海主通道。

（二）高速公路建设

目前，四川省与重庆之间高速公路已达到 10 条，与甘肃、陕西、贵州、云南等省也有多条高速公路联通，较为方便。但四川与青海、西藏还没有高速公路直通，应尽快建成马尔康到青海久治的高速公路，直通西宁；建设康定到西藏林芝的高速公路，可直通拉萨，接新疆叶城。加强四川与周边省区高速公路网建设，重视高铁、铁路、重要内河航道沿线的高速公路、国道建设，使高速公路、国道与高铁、铁路、内河航道等共同构成交通复合型通道，发挥各类运输的协同效应，推进通道经济的形成。

（三）内河航道建设

建设长江航道，保障长江泸州、宜宾常年通行 3000 吨级货轮，提升港口集装箱吞吐能力。结合金沙江水电建设、航道治理，通过水运和翻坝转运，实现金沙江下游的通航，建设攀枝花港和凉山港，改善金沙江下游的运输条件。按照"过渡期翻坝，远期直航"的思路推进金沙江下游航道建设。[①]

继续建设嘉陵江航道，利用嘉陵江航道，提升广元、南充等港口吞吐能力。通过渠江航道改造，升级水运航道，使渠江达州以下形成 1000 吨级的航道，建设达州港和广安港；通过涪江航道治理，实现遂宁以下涪江复航，建设遂宁港。整治沱江航道，实现金堂以下常年通行 300 吨级轮船，内江白马以下常年通行 500 吨级轮船，沿岸建设成都港、资阳港、内江港、自贡港。通过岷江航电建设和河道整治，建设眉山港、乐山港，保证乐山以下常年通行 1000级客货船，眉山到乐山常年通行 500 吨级客货船。

（四）机场建设

加快四川地级市机场建设，应在自贡、乐山、内江、雅安、遂宁等没有机场的地级市建设民用机场，提升这些城市与省外城市的直达能力，也增强这些城市的集聚能力，增加绵阳、泸州、宜宾等城市的国内航线数量，提升这些城市机场的吞吐能力。

---

① 秦勇. 攀枝花打造"长江上游第一城"[N]. 四川日报，2015-02-05（17）.

二、完善物流设施

（一）优化布局物流园区

依托铁路、公路、内河、航空等港口建设，地级以上城市和有条件的人口、经济大县，应建设铁路港、公路港、河港、空港等物流园区，建设区域性物流中心；一般县级区域，根据交通条件，建设中小型物流园区。发展集多种交通于一体的复合型港口物流园区，发挥各种交通的协同效应。加强各区域内各物流园区之间的连接通道建设，发挥物流园区的协同效应。

在交通位置优越的区域可建设特色物流小镇。结合物流园区建设，发展仓储、加工、旅游、会展、酒店等，使物流中心、物流园区等向综合性生产、服务功能升级转型。同时依托物流园区，设立各类经济开发区，充分利用物流的优势，集聚产业，实现物流与工业的高度融合，形成相互推进的发展格局。同时在物流园区，开展批发市场及零售业务，推进物流与贸易的融合发展。在进出口贸易有一定规模的城市，结合物流园区，建设保税区，提升物流园区的进出口贸易功能，并在保税区开展加工贸易业务。

结合各市县经济开发区、高新区等建设，满足各地优势产业的发展需求，配套建设专业物流园区，并在物流园区建设快速公路、铁路等联通内河港口、铁路港口或公路港口等的基础设施。

（二）发展各种物流方式

大力发展第三方物流，培育和引进铁路、公路、水运、空运等专业性物流公司，不断提升专业物流的效率。大力发展综合性物流企业，积极培育和引进国际、国内综合性物流企业；大力引进或培育快递公司、大件运输公司、多式联运公司等，为企业提供一站式物流服务。结合物流园区配套建设大型分拣中心、配送中心。鼓励大型企业自建物流公司，并通过自建物流公司积累经验，逐步面向社会提供物流服务，增强物流的供给能力。通过各类物流企业的建设，为四川各城市、各区域、各企业提供多种物流选择，方便企业根据需要选择物流方式，尽最大努力降低物流成本，提升物流供给能力。在四川主要城市开通直达北部湾港口的定时定次货运班列，开通铁海联运等。充分利用长江及各支流航道，加强四川各港口城市的航运协作，加强与长江沿岸城市的合作，开通公铁水联运，增强水运对货运的分担能力，充分发挥水运的价格优势。加强四川各城市与成都国际铁路港口的合作，并将从成都出发的中欧班列延伸到四川主要城市，提升各城市的国际物流能力。

（三）积极发展新物流

适应新形势，充分利用现代科技手段，大力发展新物流。积极利用社会闲置运输资源，发展共享物流、众包物流，如运输设备共享、仓储共享、技术装备共享、叉车租赁等。鼓励四川本土生产企业、电商企业与物流企业建立物流联盟，提高物流效率。鼓励发展为客户直接提供物流服务的第三方物流企业，发展专门为电商企业、生产企业制定物流方案的物流咨询公司，即第四方物流公司；培育和发展为物流提供人才培训、信息支持、技术支持等服务的第五方物流公司，尽快建设物流人才培训基地和物流大学。

（四）鼓励物流企业参与产业链、供应链建设

支持物流企业积极参与到产业链、供应链建设中，与企业结成产业链联盟、供应链联盟，以便更好地为企业提供更为便捷、廉价、安全、稳定的物流服务。同时，使物流企业更好地适应市场需求，不断提升物流企业的创新能力和供给能力。

三、加强区域合作，发展通道经济

（一）加强四川与周边省区的交通合作

四川应加强与周边的重庆、云南、贵州、西藏、青海、甘肃和陕西合作，推进铁路、高速公路等建设。与云南合作，尽快建成成昆铁路复线、蓉昆高铁等，尽快联合开发金沙江下游航运，布局港口、航线，联合建设翻坝设施等，争取纳入国家规划，获得国家资金支持；打通四川经云南到东南亚和南亚各国的陆运通道。与西藏合作，加快建设川藏铁路和康定到林芝的高速公路。与青

海合作，尽快建成成都到西宁的铁路、马尔康到久治的高速公路，尽快开工建设成都到格尔木的铁路。与重庆合作，加快建设成渝第二条高铁，并加密川渝直通高速公路，最终使四川与重庆相邻区、市、县均有高速公路联通。

（二）建设通道经济带

依托西南出海通道，建设四川与重庆、贵州、广西、云南的西南出海通道经济带，解决通道中的难题，互相学习经验。重点发展成都－资阳－内江－自贡－泸州－宜宾南向发展轴，尽力将开发区与物流园区结合，提升通道的集聚能力。加强经济带各城市与北部湾港口群的合作，将广西北部湾海港的出口业务直接搬到四川，使本土企业在四川就可以办理出口业务。与云南建立面向东南亚和南亚的南方丝绸之路通道经济带，重点建设成都－眉山－乐山－西昌－攀枝花发展轴。将云南口岸业务移到四川，使企业在四川主要城市就可以开展通过陆运直接出口至东南亚、南亚各国的业务。充分利用西部陆海新通道，开展出口业务，提升四川的出口能力，增强四川与西南各省的经济合作与交流。

依托长江、沪蓉高铁、沿江铁路，建立沿江通道经济带，重点建设成都－遂宁－南充－达州发展轴、攀枝花－凉山州－宜宾－泸州发展轴，利用铁路港、内河港口，发展物流，提升集聚能力。充分依托沿江经济交流和经济合作，重点承接沿海产业转移，加强四川企业与沿海企业的合作。

依托路桥，联合新疆、甘肃、青海、陕西，建设路桥通道经济带，建设成都－德阳－绵阳－广元发展轴。加强交通基础设施建设，统筹物流企业管理，推进路桥经济带的形成。依靠路桥，提升四川的出口能力；加强四川与各省区的经济合作，增加四川对路桥区域的投资，发挥四川对西北地区的辐射带动作用。

第三节　产业链供应链协同

当前，产业分工越来越细，产业、产品种类也越来越多，没有哪一个国家、地区能够独立生产全部产品，因此，通过区域合作完善产业链供应链是发展的必然趋势。产业链供应链的建设，既是开放合作的结果，也是开放合作的原因。要通过区域开放合作，提升四川优势产业链的辐射能力，补充四川产业链的不足，培育新兴产业链，不断提升产业价值链，推进产业发展。

一、培育四川独特的产业优势

培育四川独特的产业优势，是四川实现国内开放、推进与国内各区域合作的基础。因此，需要利用四川优势，打造一批优势产业集群，特别培育一批世界级产业集群。

（一）打造一批优势制造业集群

根据四川优势，四川省委省政府制定了"5+1"优势产业发展方案，即重点发展电子信息、装备制造、食品饮料、能源化工、先进材料等五大产业；而"1"为数字经济，即提升四川信息化、智能化的支撑产业，这一方案的提出无疑为四川工业发展指明了方向。

在每一个优势产业集群，相关部门应列出优势细分行业、产品，通过省内各市县的园区申请和省上评估，明确这些优势细分行业、产品在省内的主要承载园区，将这些园区升级为省与所在区域共管的优势产业功能园区，省上提供一定的财政、金融、税收、科技创新、人才培训、招商引资、科技企业孵化、宣传等支持。支持这些园区做大做强，在细分行业或产品领域，培育一批具有全国乃至世界优势的产业园区或企业集聚区，成为四川优势产业的发展提供有力支撑。

同时，围绕优势产业，积极培育本地企业，形成一批具有全球、全国影响力的四川本地企业。在四川各优势产业、优势细分行业，确立培育的优势企业，予以重点支持，努力培育一批在优势行业、细分行业领域闻名的、具有全国乃至世界优势的本地企业，成为四川优势产业的龙头和支撑。同时狠抓企业品牌和区域品牌，努力培育，使这些企业品牌和区域品牌成为行业标杆。另外在优势产业领域，要积极承接东部地区的产业转移，丰富四川优势产业发展，并带动四川本地企业的发展。

（二）提升现代服务业服务水平

四川省委省政府提出按照服务生产、服务生活的要求，发展"4+6"现代服务业体系，即大力发展商业贸易、现代物流、金融服务、文体旅游4大支柱服务业，积极发展科技信息服务业、商务会展服务业、人力资源服务业、川派餐饮服务业、医疗康养服务和家庭社区服务业6大成长型服务业。推进4大支柱服务业做大做强，提升在全国的地位，建成国家在西部商业贸易、现代物流、金融服务、文体旅游等服务产业方面的发展中心，引领西部乃至全国服务业的发展。支持6大成长型服务业快速发展，根据城市的特色和优势，培育一批商贸、物流、金融、文创、旅游、会展、科技、餐饮、康养等服务业专业化承载园区、产业功能区、街区，选定一批代表四川服务业发展水平的园区、功能区、街区，予以重点支持，打造一批代表国家水平、四川特色、城市特色的服务业承载区。

特别要充分利用四川旅游资源多样性、特色性、高品质等优势，结合四川特色文化、特色餐饮等，建成我国旅游强省。建设一批旅游强市、旅游强县、旅游强镇；积极发展乡村旅游，建设一批乡村旅游示范村。充分利用四川在西部经济规模最大的特点，建设西部金融中心，建设多样化的金融服务体系，提升四川金融对生产的服务能力。充分利用四川位于西部腹地的特点，发展物流服务，建成立足西部、服务全国、辐射世界的西部物流中心。

（三）强化四川农业优势

充分利用四川农业资源丰富、农业生产规模大、农产品多样等特点，促进农业生产，继续保持在全国的优势。继续在川茶、川猪、川菜、中药、水果、川粮等领域保持在全国的领先地位。选定各特色农产品在四川的最佳生产区，积极申报中国特色农产品基地、中国地理标志产品。结合各地的特色农业生产，积极申报和建设农业科技园区。培育、组建代表四川特色农业发展水平的农业科技化公司和龙头企业，带动四川特色农业的发展，并利用优势农业，发展农产品深加工。利用特色农业，发展乡村旅游和农村电子商务。支持四川各县、乡镇、村利用区域特色优势，实现专业化发展。

二、加强区域合作，打造优势产业链

围绕优势产业，加强区域合作，打造产业链。围绕 5 大现代制造业，选择优势细分行业，根据四川各优势产业特点，制定优势产业链的发展措施。

（一）推进由本地企业构建的优势产业链向省外辐射

四川一些产业已形成各环节以本地企业供应为主的优势产业链，如装备制造业的发电设备、机车等，饮料食品工业的白酒、粮油、肉制品、调味品、果蔬、林竹产品、方便食品等，新材料产业的多晶硅、钒钛、锂电、铝材、稀土等行业，能源化工的天然气、氢能产业等。这些产业链是四川发展的特色优势，是四川发展赖以依托的基础，是四川参与区域合作、发挥辐射效应、支持兄弟省市发展的基础。

就四川白酒业而言，产业链完善，具有从原料生产到酿酒设备、白酒酿造、包装、物流等完善的产业链，拥有本地知名企业和品牌，产量居全国第一。四川白酒产业链还需要提升创新能力，提升品牌价值。利用白酒产业链优势企业，垂直延伸产业链，促进品牌由国内品牌向国际品牌转变。通过向省外，甚至国外布局研发、生产和销售等机构，或者通过收购、兼并省外、国外相关企业，提高四川白酒企业产能和影响力、控制力，不断扩大在省外、国外市场的占有率，不断扩大四川白酒产业链、品牌影响力。充分利用白酒品牌优势及白酒产业对人才的需求，布局白酒人才培养学校，加强白酒人才培养，建成全国白酒人才供给的"源地"，支援全国白酒产业发展；并通过人才辐射，提升四川白酒在全国的影响力。

（二）推动四川有生产优势的产业链的本地化发展

一些产业链的各环节或主要环节，四川均有，并且在全国甚至世界有一定优势。但这些产业链的主要生产企业是省外企业或外商企业投资。这类产业主要是由招商引资形成的优势产业链，如集成电路、光电显示、网络通信、汽车制造等。这类产业链较长，一般一个区域难以拥有全部的产业链；但产业技术含量高，对推动区域产业升级具有重要意义。

为此，应从三方面推进该类产业链的本地化。首先，鼓励产业链主要企业在四川建立研发、营销等机构，逐渐将这些企业本地化。支持四川本地企业、国企参股。其次，四川应尽力培育本地企业加入产业链，逐步形成本地企业参与的产业链，最终形成以本地企业为主导的产业链；或者引进相关企业将总部迁移至四川，或引进企业在四川建区域性总部，尽力使企业、产业扎根四川。最后，鼓励产业链生产企业采购四川本地零部件，或配套为四川企业提供原材料，逐步使这类产业链企业将供应链锁定在四川。如汽车制造，四川主要通过引进国内外企业，形成了四川的汽车产业链。四川通过引进总部企业、培育本地企业、鼓励企业加入产业链等措施，基本实现由本地生产的产业链向本地企业产业链转型，推进了汽车制造产业链的本地化。

（三）尽力补全四川拥有部分优势的产业链

一些优势产业，四川并未成链，只拥有部分环节。主要分为两种情况：一是四川拥有产业链的核心部分，二是四川只拥有产业链的非核心部分。前者如部分新材料产业。四川具有诸多新材料产业，但这些新材料产业的应用多在省外，四川成为原材料供应地。对这类产业，四川应与省外区域、企业合作，通过引进、培育本地企业，补充产业链缺失环节，建成完善的优势产业链。后者如电脑、手机、部分家用电器等，对电脑、手机的关键零部件，四川均不能生产，需要从国内外购进。这类产业在四川规模较大，一方面，需要加强与省外、国外的合作，与省外、国外相关企业建立产业联盟；另一方面，应引进核心零部件生产企业，补全产业链，逐步形成优势产业链。

（四）培育和建立部分先进制造业产业链

部分新兴产业，技术相对先进、具有发展潜力，代表产业发展方向，如电子信息、装备制造、新材料、生物医药的部分细分行业。其中一些产业在发达地区、发达国家已有一定规模，而一些产业在全球才刚兴起，还处于胚胎期、幼年期。对于这些产业，四川还没有核心企业，甚至还没有企业，产业链不全，甚至是空白。对这类产业，四川要勇于创新，制定扶持发展政策，通过孵化、培育和引进新企业，逐步培育和建设新产业链，并逐步形成优势。一方面为未来四川发展培育新动能，另一方面也增强四川产业的配套能力。

（五）推进建设产业链联盟

为了支持四川产业链的完善，需要厘清四川的产业链，摸清四川各主要产业链的企业、特别是本地企业情况。对于在四川拥有全产业链的优势产业，应围绕本地核心企业，建设四川产业链联盟；对于在四川拥有产业链部分环节的优势产业，应通过区域合作，建设以四川龙头企业为核心的跨省产业链联盟。需要摸清各产业链的优势、劣势、断链点，通过建链、延链、补链、强链完善产业链发展。摸清各产业链在全国、全球地位，将其分为世界级、国家级、区域级，从而找准补链、强链的方法、措施，尽力使四川产业链完善，优势得到发挥，增强四川各产业链实力。对世界级、国家级优势产业链，如发电设备、钻井设备、核电、高铁、飞机等，应不惜代价支持，保持并提升其在世界、在全国的先进性、引领性。

（六）提升价值链

一是提升产业链的价值链。由本地企业组成的优势产业链，由于产业链的全部均在四川，为此，要通过突出产业链的核心，提升产业核心价值链的水平，提升产业在全国乃至世界的影响力、控制力。如白酒产业，需要在人才培训、酿酒技术等领域，提升价值链。通过提升核心价值链努力使四川的全产业链升级为国家级、世界级，形成产业在全国乃至世界的影响力、控制力。对本地有生产优势的产业链，虽然本地掌握产业链主要环节或大部分环节，但产业链的生产企业主要是外来企业，四川并不掌握主动权。需要鼓励四川企业投资产业链的高端环节，占据价值链的高端、核心环节。同时在核心价值链培育本地品牌，实现产业链的本地化和价值链的提升。

二是培育企业价值链。对龙头型企业，鼓励企业向产业链高端转型升级，重点培育品牌、核心技术，占据产业链的核心价值链，形成引领产业发展的能力。对于难以向产业链高端升级的企业，要抓住企业的特色，增强研发，提高技术，发展"专精特新"，培育产品优势，形成单项冠军，成为细分行业龙头，提升企业在全国的影响力，实现企业价值链的提升。

三、完善四川供应链

（一）建设一批具有国内国际话语权的龙头企业

龙头企业在行业及细分行业具有技术优势，甚至具有技术垄断性、领先性、引领性，是行业发展的引擎和龙头。这些企业，就是供应链的龙头，其供给可以影响市场，其需求可以影响上游产业。一是要培育四川本地行业龙头企业。重点培育一批进入世界 500 强、全国 500 强、行业 10 强的龙头企业。特别是在食品饮料、装备制造等培育一批龙头企业，如五粮液、东方电气等。二是培育一批四川本地细分行业龙头企业，这些企业重点在单个消费市场，或在零部件生产方面是行业冠军，如乐山无线电股份有限公司是我国最大的半导体器件制造基地，极米科技为无屏电视市场隐形冠军。三是要通过引进，培育一批本地生产的龙头企业，虽然引进企业的母公司在外省、境外，但通过引进，可以弥补四川供应链的不足，增强四川供应链实力，提升四川产业实力。

（二）保障供应链的安全有效

当前，由于我国发展冲击了西方国家的利益，我国也受到以美国为首的西方国家的抵制，并对我国进行了诸多技术封锁。在此情况下，保障供应链的安全，成为当前我国发展的重要目标。在我国供应链安全方面，四川应贡献力量。一是夯实强项，攻克短板，填补空白。在四川具有全球、全国优势的供应链领域，贡献四川力量，确保四川供应链代表国家水平，如战斗机、牵引机车、6G 通讯、核聚变利用等领域。在我国处于供应链弱势、空白的领域，根据四川优势，选择一些领域，承担国家任务，重点支持，帮助国家摆脱供应链瓶颈，如高端芯片、高端航空发动机等领域。二是为确保供应链的安全，各企业要确保上游单个零部件供应商和下游应用企业有两个或两个以上，以确保企业的供应链安全。三是尽力选择国内生产企业供应商，在国内供应商没有的情况下，对于国外供应商要尽力选择两个及以上。

（三）积极引进国内外先进企业和技术

通过引进，可以迅速填补四川供应链的空白。为此，要加大引进力度，通过引进企业产生新的产业链、供应链，丰富四川的产业链、供应链。一是加大对央企的引进，央企具有区域扎根性的特点，引进央企将极大地促进四川本地化发展；二是加强对东部京津冀、长三角、粤港澳区域企业的引进；特别是对该区域龙头企业、产业集群的引进。同时，加强对重庆区域企业的引进，可以提升与重庆的合作水平。

（四）积极培育和发展本地企业

在供应链中，与外来企业相比，本地企业不仅是区域企业供应链的重要保障，其发展通过供应链对区域具有更大的带动力，能更大地提升区域的影响力。因此，应大力发展本地企业。一是根据四川产业优势，培育、孵化新企业。各市地级中心城市、经济大县应根据自身特色，建设科技企业孵化器，尽力孵化新企业。特别支持在新经济领域的企业孵化，促进新经济在四川的发展。在新经济领域，努力培育瞪羚企业、独角兽企业，提升四川本地区的影响力。特别是通过科技企业孵化，力争在5G、超高清视频、北斗系统、网络安全等领域培育出一批"独角兽"企业。二是支持四川本地企业做大做强。四川各市县政府应加强对本地优势企业的支持。在全省支持100家左右的优势企业，在各市州至少重点支持10家左右的优势企业，努力使优势企业进入全国500强，成为行业龙头。

（五）支持企业到省外投资

四川有一批优势企业，在国内外具有一定的实力。其供应链不能仅限于四川，需要辐射全国甚至全球，这也是企业现代化发展的必然要求。要支持四川优势企业到省外投资。首先，这些企业在省外投资，能够扩大企业的市场占有率，促进企业供应链的优化。其次，这些企业到省外投资，可以带动四川的供应链辐射省外，扩大四川产业的影响力。最后通过到省外投资，可以拓展企业的供应链。

四、促进产业链供应链的协同

（一）以供应链带动产业链完善

通过供应链完善、优化，积极支持与四川企业合作的省外企业到四川投资，逐步使四川的供应链完善，完成从供应链到产业链的转变。一是充分利用四川市场在西部最大的优势，吸引上游生产企业到四川投资，从产品供应链向产业链升级，如四川的汽车产业链就是这样发展起来的。二是利用原材料资源丰富的优势，通过原材料供应链吸引下游深加工企业来四川投资，形成产业链，提升四川资源产品的附加价值，如吸引农产品、新材料深加工企业来四川投资。三是充分利用装备制造产业、零部件制造业优势，通过供应链吸引相关企业投资，形成供应链、产业链。

（二）以产业链促进供应链完善

通过产业链的建设，积极招商、培育本地企业，填补产业链空白，推进供应链的完善。而产业链的完善，将为产业链企业创造完善的供应链体系，从而为区域企业提供更多的供应商选择，能有效支持区域内企业供应链的形成，降低企业运营成本，提升企业竞争力，推进产业集群的发展，进一步提升区域的集聚能力，并推进四川优势产业的形成。因此，各开发区应专注发展主业，积极按照产业链招商，培育产业集群，为区域企业营造完善的供应链环境。

（三）加强区域合作，推进产业链供应链协同

1. 加强省级政府间合作

从省级层面，加强四川省与各省的合作，在基础设施建设、政策制度协调、产业升级、企业发展等方面加强合作。加强四川与沿海省区合作，重点加强四川与长三角、粤港澳、京津冀等区域的合作，积极承接沿海发达地区产业转移；同时促进四川企业积极开拓沿海市场，在沿海地区建设出口基地。特别是加强沪蓉高铁、长江水道、沿江铁路货运通道的建设和沿线省市的合作，使四川的资金、人才、商品在长江经济带顺畅、自由地流动，推进四川产业链供

应链的不断完善、升级。

　　加强四川与周边省区的合作，重点推进交通基础设施的互联互通。加强四川与周边省区铁路、高速公路等的联通。充分利用四川的经济优势，推进四川企业产品向周边省区辐射，提高市场占有率。推进四川优势产业、优势企业到周边省区投资，带动周边省区发展。特别加强四川与西部陆海新通道省区的合作，重点将该通道建设成为四川对外经济贸易的主通道，通过通道合作促进产业链供应链的升级，并扩大四川产业链的辐射力、带动力。

　　2. 加强四川市县区域与省外区域的合作

　　支持四川各市县与全国各市县建立友好合作关系，创新合作方法。特别是支持四川各市县与沿海地区市县合作，从沿海引进产业集群。支持各市县与沿海发达地区市县干部的合作交流，提高四川干部管理水平。支持四川各市县学习沿海发达地区先进管理经验、招商引资经验等。加强四川开发区与东部地区开发区的合作，从沿海开发区引进有关企业。充分利用四川优势，探讨在四川建设东部地区有关市县开发区的飞地园区或分园区，提升四川开发区的吸引力和承接产业转移的能力，推进四川产业链供应链的完善和保障能力的提升。

　　3. 加强四川与各省的创新合作

　　创新是推动产业链供应链升级的主要动力，加强创新合作对推进四川产业链供应链协同发展具有重要意义。加强四川与省外科研院所，特别是东部地区科研院所的合作，支持东部地区高校、科研机构来四川设立分校、研究机构等。支持四川企业、高校、科研机构与省外发达地区，特别是东部发达地区高校、科研机构合作，在四川设立产学研协作平台，共建产业创新联盟，推进产业创新。特别支持四川高新技术产业与省内外科研院所合作，建立产业链供应链联盟，支持四川的科研院所与各省企业展开合作。

第三章 DISANZHANG

成渝地区共建内陆开放新高地

第一节　成渝打造国际门户枢纽

2020 年 5 月，中共中央、国务院联合发布《关于新时代推进西部大开发形成新格局的指导意见》，明确提出"鼓励重庆、成都、西安等加快建设国际门户枢纽城市"，从国家战略高度将成渝地区的国际门户枢纽聚焦到成都、重庆两个中心城市。在西部地区，成都和重庆无论是经济规模还是产业基础都处于领跑地位，同时，在国际贸易投资、国际性综合交通枢纽、自贸试验区等建设上也体现出明显的竞争优势。但需要注意的是，随着国际环境不确定性的增加，成渝两地产业支撑力度不够、共建航空枢纽难度大等问题需要尽快解决。

一、成渝打造国际门户枢纽的基础条件

近年来，成都和重庆经济增长提速，产业培育成效显著，国际贸易和投资持续增长，国际性综合交通枢纽已见雏形，自贸试验区建设成绩斐然，为打造国际门户枢纽奠定了扎实的基础条件。

（一）经济发展和产业培育成效显著

从经济总量看，2020 年末成都 GDP 达到 1.77 万亿元，在全国城市中排第七位，人均地区生产总值突破 10 万元大关；重庆市地区生产总值年均增长 7.2%，到 2020 年末 GDP 达到 2.5 万亿，在全国城市中排第五位，人均地区生产总值超过 1 万美元。对比来看，在我国 337 个地级以上市中，仅有上海、北京、深圳、广州、重庆和苏州的经济总量超过成都，仅有上海、北京、深圳、广州超过重庆，并且 2020 年重庆的经济总量与广州仅相差 16 亿元，极有可能在"十四五"期间赶超广州。所以，成都和重庆在经济发展方面不仅是西部地区的"领头羊"，在全国也处于第一梯队。良好的经济发展基本面为成渝打造国际门户枢纽奠定了扎实的基础。

从产业发展看，"十三五"期间成都市大力发展 14 个产业生态圈和 66 个产业功能区，高新技术产业营业收入超过 1 万亿元，电子信息产业成为全市第

一个万亿级产业集群，万亿级产业集群增至 8 个。成都的生物医药和轨道交通成为国家首批战略性新兴产业集群，软件和信息服务、成德高端能源装备入选国家先进制造业集群，境内外上市（过会）企业达 122 家、居中西部第一位。重庆市在着力发展汽车、摩托车、电子信息、装备制造、生物医药、新材料等优势产业的同时，积极推进数字经济发展，数字经济产业增加值占 GDP 的比重达到 25% 左右，高新技术企业数量增长 3.3 倍。特色优势产业的集聚集群发展，为成都和重庆协同推进产业链补链延链强链、培育世界级产业集群创造了良好条件，也为成渝联合打造国际门户枢纽提供了强大的产业支撑。

（二）国际贸易和投资发展态势良好

尽管受到新冠肺炎疫情的严重影响，成都和重庆还是充分体现了自身西部国际贸易投资中心的重要职能，在参与和促进国际循环中发挥了重要作用。

2020 年，成都市国际贸易和投资逆势上扬。全市进出口总金额超过 7000 亿元，比上一年增长 22.4%。其中，出口总额达到 4106.8 亿元，比上一年增长 23.7%；进口总额达到 3047.4 亿元，比上一年增长 20.7%。成都持续深化和"一带一路"沿线国家的经贸合作，对相关国家的进出口总额达到 2226.6 亿元，比上一年增长 29.9%，占成都市进出口总额的 31.1%。其中，成都市对东盟和欧盟的进出口总额分别比上一年增长 20.0%、30.1%。同时，成都的外贸商品结构也在持续改善，高新技术产品出口总金额达到 3384.3 亿元，占全部商品出口总额的 82.4%。全年新批外商投资企业 699 家，在成都落户的世界 500 强企业达到 305 家。成都外商投资实际到位资金达到 504.2 亿元，新批或增资 1000 万美元以上的重大外资项目 112 个。

2020 年，重庆市国际贸易和投资持续增长。全年实现货物进出口总额 6513.36 亿元，比上一年增长 12.5%。其中，出口金额达到 4187.48 亿元，增长 12.8%；进口金额达到 2325.88 亿元，增长 11.9%。重庆市货物出口量居前两位的国家是美国和德国，出口金额分别为 1029.15 亿元和 392.69 亿元，分别比 2019 年增长 11.1% 和 0.4%。重庆市货物进口量居前两位的国家是越南和韩国，进口规模分别是 397.06 亿元和 331.22 亿元，分别比上一年增长 48.8% 和 7.4%。在参与"一带一路"建设方面，重庆市对欧盟、东盟及其他"一带一路"沿线国家的进出口规模分别比上一年增长 7.7%、3.4%、9.8%。

2020 年重庆市新签订外资项目 287 个，比上一年增长 28.7％；重庆市实际利用外资规模超过 100 亿美元，其中 20％以上是外国直接投资。截至 2020 年年底，世界 500 强企业在重庆落户的有 296 家。

（三）国际性综合交通枢纽加快构建

近年来，成都、重庆两市加快交通基础设施建设，国际性综合交通枢纽加快形成。"十三五"期间，成都累计开通 130 条国际（地区）客货运航线，其中 79 条为定期直飞航线，通达五大洲的"客改货"航线达到 33 条，国际航空公司规模居全国第四位，在中西部地区居首位。双流国际机场的年旅客吞吐量超过 5500 万人次，进出港流量超过 700 万人次，成为中国"5000 万机场俱乐部"的第四位成员，也是世界上最繁忙的 25 个机场之一。中欧货运班列总数已达 14000 列，占全国总数的 40％。2020 年开行四千余列国际货运列车，增长率超过 30％，开行量、重载率持续领跑全国。

"十三五"期间，重庆"一大四小"运输机场体系全面形成，国际航线增至 101 条。江北国际机场年旅客吞吐量位列中国前 10、世界前 50。巫山机场和仙女山机场航道投入运营，万州机场和黔江机场全面加快改扩建。全市民用运输机场运力分别达到 4664 万人次和 110 万吨。依托长江黄金水道和沿江干线铁路，重庆积极开通沪渝直达快线和重庆至宁波货运列车，共开通 2877 列铁海联运货物列车、4998 列跨境公路常规客车和 303 列国际铁路联运货物列车。西部陆海新通道通达全球 96 个国家和地区、260 个港口；中欧班列累计开行超过 7000 班，成为亚欧间重要的陆上大通道。

特别值得注意的是，2021 年 2 月 24 日，中共中央、国务院公布《国家综合立体交通网规划纲要》，成都、重庆被赋予建设国际性综合交通枢纽城市的重要任务。随着这一国家战略的推进，成渝两地的国际交通物流网络将加快完善，为打造国际门户枢纽提供重要的通道保障。

（四）自贸试验区带动效应不断提升

2016 年中国（四川）自贸试验区正式获批成立。四川自贸试验区成都片区涵盖成都天府新区（天府新区直管区块、高新区区块、双流区块）和成都青白江铁路港区。自贸试验区成立以来，成都片区新注册企业 13.5 万余户，新增注册资本 15109.5 亿元。具体来看，成都天府新区片区高新区块以全省自贸试验区 1/4 土地承载了全省自贸试验区 2/3 的新设企业和 3/4 的外商投资企业，成立以来已累计新设企业 86765 户，注册资本金 7952 亿元，其中，外商投资企业 1129 户，注册资本金 385.77 亿元。累计向境外投资 132 个项目，实现投资备案总额 33.26 亿美元。成都天府新区片区双流区块成立以来累计引进重点项目 58 个，协议总投资近 1000 亿元。创新跨境物流"天府专线"（中美）新机制，以市场化方式构建"专线直航＋快递联运"跨境物流新模式，2020年天府专线共发运货物 184 万件，重达 322040 吨，实现业务收入 16423.33 万元，分别比 2019 年增长了 16.5％、893％和 9.4％。成都天府新区直管片区成立以来新增注册企业 8611 家，新增注册资本 4067 亿元，外贸进出口总额 86.1 亿元，实际到位外资 3.02 亿美元，新签约引进重大项目 72 个，总投资约 2011.17 亿元，招引 500 强企业达到 56 家。同时，率先开展"电子居民"境外企业改革试点，初步实现外商投资企业境外注册，包括为外国企业实现"零成本注册"——实施企业集群注册住所托管、注册登记、税务、银行开户、全程电子化等一揽子五项服务。

2017 年，涵盖两江片区、西永片区、果园港片区 3 个片区的中国（重庆）自由贸易试验区正式获批成立。2020 年，重庆自贸试验区外贸集装箱吞吐量超过 70 万标箱，国际及地区航线超过 100 条，年航空货邮吞吐能力达到 100万吨，实现国际物流贸易额 950 亿元。成立以来，重庆自贸试验区累计新增市场主体超过 5 万户，是设立前的 4.5 倍，其中高技术服务、软件和信息技术、信息传输、交通运输等企业的比重超过 75％。重庆自贸试验区不仅集聚了超过全市 25％的进出口企业，更是在进出口贸易总规模上占到全市的 70％左右。重庆自贸试验区创新开立铁路提单国际信用证，赋予铁路运单金融属性。重庆自贸试验区大幅提升退税办理时效，在全国率先推出"全程电子退库系统"，对区内 523 项中央层面设定和 14 项地方层面设定的涉企经营许可事项实现全覆盖清单管理；同时推动多式联运创新，依托西部陆海新通道，授权签发多式联运提单，推广"铁路原箱下海、一箱到底"全程多式联运模式，通关时间压缩了 40％。

二、成渝打造国际门户枢纽面临的挑战

成渝打造国际门户枢纽，不仅要面对后疫情时代多变复杂的国际环境，还要破解产业支撑力度不强、航空枢纽建设难度大等现实难题。

（一）后疫情时代国际环境不确定性增加

新冠疫情的突然来袭，使得世界经济增长仍然面临着非常大的不确定性。后疫情时代，全球的产业链、供应链、价值链和创新链将会重组。目前，主要大国已经开始着手构建安全可控的产业链体系，部分由于疫情影响而断裂的产业链也将恢复，这就导致中国处于国外产业链回迁和国际供应竞争加剧的双重压力下。成都和重庆作为西部重要的对外贸易中心，也将面临同样的困境、承受同样的压力。但是成都和重庆的对外贸易还存在一些明显的短板，比如存在对航空运输方式的依赖度较大，产品附加值有待提升，加工贸易占比过高，与国内其他城市的同质化竞争压力增加等问题。

（二）产业支撑作用有待进一步加强

一是产品在国际市场上的竞争优势不明显，品牌影响力不够。例如，对于成都而言，手机和制鞋是传统的优势产业。但是，在疫情影响下，2020年成都手机产业的产量为5442万台，同比下降50.9%，皮革鞋靴产业的产量为1238万双，同比下降32.5%。二是传统领域产业附加值仍不高，高端领域产业基础较弱，关键核心技术受制于人（如在传统领域竞争优势较强的装备制造产业），在工业机器人、数控机床等高端领域缺乏基础原材料及零部件、先进核心装备甚至关键共性技术。三是创新结构有待优化，产学研用协同创新体系有待完善。如能源化工、先进材料、装备制造和电子信息产业创新主体协同不够，下游用户与企业、科研单位的对接平台建设不健全，食品饮料产业创新偏重营销端技术创新水平不高。四是新型基础设施建设不足，产业配套滞后，共建共享程度低等问题仍较为突出。

（三）成渝共建航空枢纽难度大

一是航空口岸偏少，还未实现区域联动。成渝目前拥有四个航空口岸机场，但是口岸之间缺乏完善的联动协调机制。而京津冀、苏浙沪、辽宁沈阳和大连口岸以及广东全域的机场均实现了 144 小时过境免签联动。二是成渝未获得第五航权，还需要积极向上争取。第五航权被业内视为"最具经济实质意义"的航权，目前我国国内开通第五航权的机场有北京、上海、广州、海口、天津、南京、银川、郑州、鄂尔多斯、满洲里、西安等 11 个，而成都和重庆都还没有获得这一权利。三是货邮运输成为短板，需要大幅优化提高。与长三角、京津冀、粤港澳、华中机场群相比，成渝在国际货运、仓储物流、航空保税区建设等具体指标上存在明显差距。比如，郑州与部分航空公司协商，以年度总货量作为考核依据，按照实际运行的航班数量进行补贴等。四是协同机制尚不健全，须加倍努力。成渝航空领域合作进展较慢，存在同质化、定位重叠、空域虚耗等问题。五是两地共建协同机制尚需突破。目前，成渝航空枢纽之间缺乏有效协调机制，市场上缺少联合主体，相关产业甚至有加大竞争趋势。成渝对内需处理好枢纽机场与机场群的关系，打破行政区限制，促进航空枢纽共建共享。

三、成渝打造国际门户枢纽的路径

成都和重庆应该在打造外向通道、构建物流体系、建设开放平台、联动区域发展等方面加快探索，为打造国际门户枢纽提供更强支撑。

首先，全面打造多维度外向通道体系：一是构建通达全球、中转高效、功能完善的国际航线网络；二是构建内外联动、东西双向互济的陆海大通道格局。其次，建强高能级开放平台体系：一是推进自贸试验区创新发展；二是夯实口岸平台开放支撑；三是增强国际合作园区窗口示范功能。再次，构建高效现代流通体系：一是建设便利化流通服务平台体系；二是集聚培育高能级流通主体。最后，联动重点区域协同开放：一是加强与西部陆海新通道沿线区域合作；二是加强与长江经济带沿线区域联动开放。

第二节 川东北经济区开放新方略

川东北经济区地处川渝陕甘四省（市）结合部，包括南充、达州、广安、广元、巴中 5 个市，面积为 6.4 万平方公里，占四川省的 13.2%，截至 2020 年年底常住总人口达 2142 万人，占四川省的 25.6%。川东北地区是成渝地区双城经济圈的重要腹地，拥有独特的地理区位、丰富的自然资源和悠久的历史文化，但同时，也是四川发展基础较为薄弱、发展水平相对较低的地区和集革命老区、贫困地区、边远山区为一体的欠发达区域。川东北经济区应立足自身资源禀赋，走具有显著地区特色的开放发展新路子。

一、川东北经济区开放发展的基础条件

川东北经济区发展开放型经济具备较好的基础条件，主要体现为经济持续较快增长、产业结构不断优化、基础设施条件不断改善，以及与渝东北一体化发展加速推进。

（一）经济保持稳定较快发展

2020 年，川东北经济区实现地区生产总值 7595.5 亿元，是 2016 年的 1.5 倍，居四川五大经济区第三位。南充市"十三五"期间地区生产总值年均增长 7.4%，在川东北率先跨入"2000 亿俱乐部"，被四川省委确定为全省 7 个区域中心城市之一和经济副中心重点培育城市。达州市"十三五"期间 GDP 从 1367 亿元提高到 2118 亿元，年均增长率超过 8%。广安市"十三五"期间地区生产总值从 874.4 亿元增加到 1301.6 亿元，年均增长 7%。广元市"十三五"期间地区生产总值累计增长 41.6%，历史性突破千亿元大关。巴中市"十三五"期间地区生产总值连续跨过 2 个百亿元台阶。

南充市"十三五"期间地区生产总值年均增长 7.4%，在川东北率先跨入"2000 亿俱乐部"，被四川省委确定为全省 7 个区域中心城市之一和经济副中心重点培育城市，成功入选"2019 中国百强品牌城市榜"。达州市"十三五"

期间 GDP 从 1367 亿元提高到 2118 亿元，年均增长率超过 8%，比四川省平均水平高 1.1 个百分点，有 7 个县的 GDP 都进入"百亿"队伍，其中经济总量超过 400 亿元的县有 1 个，经济总量超过 400 亿元的县有 3 个，被评为"西部百强县"的县有 2 个，被表彰为四川省"县域经济发展先进县"的县有 2 个。广安市"十三五"期间地区生产总值从 874.4 亿元增加到 1301.6 亿元，年均增长 7%。广元市"十三五"期间地区生产总值累计增长 41.6%，历史性突破千亿元大关。巴中市"十三五"期间地区生产总值连续跨过 2 个百亿元台阶。

（二）产业结构持续优化

"十三五"期间，川东北经济区农业现代化水平稳步提升，新型工业化加快推进，现代服务业蓬勃发展，三次产业结构由 19.5：49.0：31.3 调整为 16.8：36.8：46.4。

分城市看，南充市汽车汽配、油气化工、丝纺服装和五大百亿战略性新兴产业产值分别达 904 亿元、452 亿元、586 亿元、420 亿元，年均分别增长 12%、18%、15%、21%，达州市的传统重化工工业占工业总产值的比重由 82% 降至 58%，服务业增加值超过 1000 亿元、年均增长速度达到 8.3%。广安市工业总产值中，"341"产业的占比超过 81%，服务业增加值占 GDP 比重从 32% 提升至 49.9%。广元市工业增加值增长速度超过 49%，对全市经济增长的贡献率保持在 40% 以上。巴中市大力推进中医药产业发展，成为"四川省中医药产业发展示范县区"。

（三）基础设施条件明显改善

川东北地区交通运输体系不断完善，铁路运输网络基本形成，航空运输加快发展。达州市加快推进综合交通枢纽建设，围绕达州"西进东出、北上南下"的"十字"高铁枢纽已有雏形，高速公路里程 547 公里，居全省第三，"一环三纵六横二支"高速网加速构建。广安市通用机场的选址方案获得国家有关部门批复，西渝高铁广安段即将率先进行施工。广元市铁路建设取得重大进展，《广元铁路枢纽总图规划》在全国 330 多个地级市中率先获得国家批复。巴中市恩阳机场投运并开通了 8 条通航航线，且成功开行通向成都和重庆的动车，巴万高速清江至通江段已经建成通车。

（四）与渝东北一体化发展加速推进

长期以来，川东北与渝东北非常重视多方合作发展，各领域交流合作十分活跃，形成了携手并进、共生共建共荣共享的竞合关系。一是渝东北作为长江黄金水道的重要港口，川东北作为东出北上、连西接南的战略通道支点，同属丝绸之路经济带和长江经济带的重要通道和战略支点。二是川东北、渝东北既是巩固脱贫攻坚成果协同推进的示范区，也是清洁能源、特色农业生产加工基地和军民融合产业示范基地，二者经济体量、发展水平大体相当，有不少地区属于欠发达地区、革命老区和边远山区，具有一体化合作的共同诉求。三是川东北、渝东北共同承担着保护好"两东北"和三峡库区的青山绿水，发展绿色经济，筑牢长江上游生态屏障和维护国家生态安全的重要使命。四是川东北、渝东北不少地区同属革命老区和红色文化区，巴蜀文化和生态旅游资源丰富，共建"经济圈"红色文化和巴蜀文化的基础扎实。五是川东北、渝东北文缘相通、商缘相连，巴蜀文化割不断，"两东北"亲情割不断，具有一体化发展的文化基因。

二、川东北经济区开放发展面临的挑战

在具备一定有利条件的同时，川东北经济区的开放型经济发展也面临一些突出挑战，主要表现为经济区内部协调发展程度不高、经济区产业集群带动性不足，以及与渝东北一体化发展壁垒尚未打破等问题。

（一）经济区内部协调发展程度不高

川东北经济区经济发展水平总体较为滞后，单个城市的竞争力在全省并不突出，在发展开放型经济方面，尤其需要整合5个市的优势资源，形成发展合力。但是，与成德眉资等川内一体化发展程度较高的区域相比，川东北经济区缺乏一体化发展总体规划和配套专项规划，部分涉及各地协同发展的规划缺乏权威性，站位不高，视野不宽。5市自身出台的经济社会发展规划大都立足自身发展需求，在功能定位、发展方向、空间布局等方面都有很大的局限性，缺

乏对区域发展的统筹考虑。

（二）经济区产业发展不足

南充和达州是川东北经济区发展较为领先的地区，也是工业基础较好的城市。但是，以南充和达州目前的产业量级，要带动周边地区形成千亿级和万亿级产业集群还面临很大困难。总体来看，川东北经济区各地在重点产业协调发展、产业链延链补链强链、重大项目引进等方面，还存在"独善其身""各自为政"和"孤岛"现象，在招商引资中还存在较为激烈的同质化竞争倾向，未形成产业集群和功能互补。

（三）一体化发展壁垒尚未打破

川东北、渝东北要实现跨省域一体化发展，还面临很多现实难题。一是两地交通网络通达度不够。目前川东北、渝东北之间的高速铁路网络格局还未真正形成，快速通道密度不够，毗邻地区断头公路多，交通服务和管理制度尚不能满足经济社会发展需要。二是行政制约难题依然存在。在现行行政管理体制下，川东北、渝东北存在行政区划单边利益与一体化双边利益的"两难"，存在各自极化效应与一体化辐射效应"两难"，存在一体化发展短期利益与中长期利益取舍的"难题"。三是两地文化还需进一步融合。川东北、渝东北各部门、机构和行业对革命老区文化、红色文化、巴蜀文化的关联互动还未完全到位，融合层次和程度不深入，影响两地的文化沟通和协调发展。

三、川东北经济区开放发展的路径

针对川东北经济区实际情况，构建承接产业转移示范廊带、完善开放合作体系、提高与渝东北一体化发展水平是其进一步促进开放发展的重要路径。

首先，构建承接产业转移示范廊带。构建汽车、摩托车、智能制造、电子信息等产业集中区，加大对承接东部地区产业转移的统筹协调力度。其次，完善开放合作体系。协同推进开放口岸建设，拓宽贸易合作渠道。推动区域开放合作，积极促进产业协同发展；深度融入长江经济带，吸引更多项目和资金。最后，提高与渝东北一体化发展水平。要完善组织领导机制，创设发展基金。

破除市场壁垒。

第三节　川南经济区开放新方略

川南经济区地处川滇黔渝四省（市）的接合部，包括泸州、宜宾、自贡、内江等4个市，面积近5万平方公里，2020年末常住总人口1552万人。川南经济区是四川省人口密度较高、经济实力较强、工业化进程较快、城镇化水平较高的区域，也是我国城市化格局中第二横和第三纵的交叉地带，在发展开放型经济方面具有自身特有优势。

一、川南经济区开放发展的基础条件

川南经济区发展开放型经济具备良好的基础条件，主要体现为食品饮料产业竞争优势突出、对外开放水平显著提升、川南渝西融合发展试验区启动建设等方面。

（一）食品饮料产业竞争优势突出

川南经济区是中国"白酒金三角"的核心区，拥有五粮液、泸州老窖、郎酒等国际知名白酒品牌，产业集群度高，市场影响力强，是推动川酒"走出去"的重点地区。

从产业规模看，泸州市、宜宾市白酒产量之和占四川省白酒产量的50%以上，并且行业集中度还在进一步提高。2020年，宜宾市食品饮料产业实现营业收入1600亿元，其中仅五粮液集团一家企业创造的营业收入就高达1200亿元，是2015年的1.8倍。同时，"十三五"期间，五粮液集团在资本市场表现优异，其股份市值突破万亿大关，成为深交所上市的股票中第一个市值破万亿元的个股。泸州市白酒产业营业收入1008.4亿元，荣获"世界级白酒产业集群"称号，其中泸州老窖公司营业总收入166.5亿元，同比增长5.28%。

从品牌影响力看，川南地区的白酒具备老名酒基因，历史上5次全国评酒会中，泸州老窖成为唯一蝉联历届"中国名酒"称号的浓香型白酒，此外，五粮液、郎酒分别 4 次、2 次入选。依据世界品牌实验室发布的《中国 500 最具价值品牌》榜单，五粮液、泸州老窖、郎酒均榜上有名，整体品牌影响力强劲，未来成长潜力巨大。

（二）对外开放水平显著提升

依托长江黄金水道的优势，川南经济区大力发展开放型经济，取得明显成效。"十三五"期间，泸州成功成为中国（四川）自由贸易试验区川南临港片区、泸州综合保税区、中国（泸州）跨境电子商务综合试验区、进口肉类指定监管场地，泸州水运口岸获批临时开放口岸。泸州港稳居四川第一大水港，建成全省第三大航空港云龙机场，成功创建港口型国家物流枢纽承载城市。宜宾市"十三五"期间成功创建四川自贸试验区宜宾协同区、保税物流中心（B型）、综合保税区；累计成功引进招商引资项目 943 个，协议总投资金额超过4700 亿元，其中国内省外项目到位资金近 2300 亿元；吸引 70 余家"三类 500强"、上市公司、行业领军企业到宜宾成立分公司；外贸进出口规模达到 540亿元、年均增长 25.4%。自贡市"十三五"期间被确定为"国家外贸转型升级基地"，西南（自贡）国际陆港建设正抓紧推进，目前已经建成的区域面积突破 10 平方公里，被确定为我国第一批、川渝地区唯一一个国家骨干冷链物流基地。内江市 2020 年完成自贸试验区内江协同改革先行区放权赋能，保税物流中心（B 型）主体封顶，全市进出口总额增长 39.7%，增速居全省第1 位。

（三）川南渝西融合发展试验区启动建设

加快建设川南渝西融合发展试验区，一方面是中央作出的推动成渝地区双城经济圈建设决策，促进双圈互动、两翼协同发展的重要支点，另一方面则是四川省和重庆市落实《成渝地区双城经济圈建设规划纲要》的具体行动表现。

川南渝西融合发展试验区的地域范围覆盖自贡、泸州、内江、宜宾、江津、永川、荣昌、綦江、大足、铜梁等 10 个市区，区域内总人口 2420 万，GDP 合计超过 1.2 万亿元。目前，10 个市区正积极推动建设川南渝西融合发展试验区。在川南方面，自贡市在川渝地区率先开通"自贡－重庆永川"的飞行训练航线，加快构建"川南－渝西"多通道、多路径、宽覆盖的综合交通体系；泸州市联合永川区、江津区规划建设了"泸永江融合发展示范区"，力争将其建设成为川南渝西融合发展试验区的重要经济腹地；内江市与川南渝西多个地区累计签署合作协议 50 余项，努力推动在生态环保、基础设施、公共服务、现代产业等多方面实现区域协同发展；宜宾市起草了融入川南渝西融合发展试验区的推进方案，积极进行重点项目的前期研究谋划和包装论证。

在渝西方面，江津区与泸州市联合共建"民营经济协同发展示范园"，目前已经完成园区建设工作方案，与合江县联合打造荔枝、优质粮油等具有地方特色的农业产业发展示范带；永川区与泸县开通了第一条川渝对开公交班车，让区域内 25 万群众出行更加方便；荣昌区与内江市共同建设"现代农业高新技术产业示范区"及"荣昌自贡东部产业转移'飞地园区'"；綦江区与自贡市联合打造"川渝产业合作示范园区"以及高端铝合金材料研发应用中心、齿轮专用硬质合金刀具模具应用研究中心和装配式建筑研发设计中心，合作示范园力争三年内实现 100 余家企业投产运营，争取规模以上工业企业销售收入超过800 亿元；大足区与泸州市、内江市、江津区等 7 个区市共同建立了"成渝地区双城经济圈中部（区域）职业教育联盟"，积极保障高素质劳动力供给。

二、川南经济区开放发展面临的挑战

川南经济区在开放发展方面既具有有利条件，也面临一些特有挑战，如多中心城市群同质化竞争加剧、南向开放通道需进一步拓展、川南与渝西"中部塌陷"问题依然严峻等。

（一）多中心城市群同质化竞争加剧

过去相当长一个时期，宜宾、泸州、自贡、内江四个城市都致力于建设川南中心城市，其中宜宾、泸州 GDP 均超过 2000 亿，自贡、内江 GDP 超过1000 亿，所以也有学者认为川南经济区应该以宜宾、泸州为中心建立"双中心城市群"。但是，从整个西部和四川省发展全局来看，川南经济区还处于经济快速发展阶段，应该着力培育壮大经济区内的极核城市，"多中心"或者"双中心"其实往往就意味着没有中心。目前，川南经济区中任何一个城市都还不具备成为区域中心城市的实力，四个城市过去都存在低水平重复建设、分割式发展等问题，产业同质化竞争严重，影响了区域总体竞争力的提升。

（二）南向开放通道需进一步拓展

川南经济区作为成渝地区双城经济圈"一轴两翼、双核三带"空间发展格局中"两翼"和"三带"之一，是长江黄金水道的上游区域、西部陆海新通道的重要节点，拥有中国（四川）自由贸易试验区川南临港片区、泸州港、宜宾港等重要开放平台，也是四川省"四向拓展、全域开放"战略中南向开放通道的重要枢纽。目前，川南经济区与成都、昆明、钦州、北部湾等地区均开行了班列，但无论是通行频率、通行效率还是辐射区域，均不能满足全省经济发展需要，还需要进一步加快连接北部湾、粤港澳大湾区的畅联东南亚、通往印度洋的综合运输大通道建设，打通衔接"陆上丝绸之路"和"21世纪海上丝绸之路"的南北大动脉，全面提升南向开放水平。

（三）川南、渝西"中部塌陷"问题依然严峻

长期以来，成都、重庆实施"背向发展"策略，竞争大于合作，对要素的吸纳能力远大于溢出能力，土地、物流、人才等要素的供给无法充分满足川南、渝西等地区的发展需求，并形成了事实上的"中部塌陷"。当前，我国将建设成渝地区双城经济圈上升为国家战略，但是川南、渝西之间的区域协调发展机制还有待完善，区域内城市的空间发展规划没有进行有效对接，在高端发展平台的规划和争取上也呈现出竞争大于合作的态势，各地的产业没有形成有效分工和协同，经济社会发展的联系不够紧密，重点基础设施项目的推进还未形成合力。"中部塌陷"是川南、渝西地区必须认真应对的难题。

三、川南经济区开放发展的路径

根据川南经济区的区位条件和经济特点以及川南经济区开放发展面临的问题，促进川南经济区开放发展，推进四川高水平开放，需要打造南向开放大平台和大通道，培育壮大外向型特色产业，建立川南、渝西多层次长效合作机制。

首先，打造南向开放大平台和大通道。一是高质量建设宜宾三江新区。二

是创建四川自由贸易港、川南综合保税区。三是推动沿江南向开放平台共建共享。四是加快构建南向一体化综合交通体系。其次，培育壮大外向型特色产业。一是提升发展川酒文化。二是加快川茶川竹产业整合。三是协调发展清洁能源和先进制造业。四是大力发展战略性新兴产业。最后，建立川南、渝西多层次长效合作机制。一是加快制定川南、渝西融合发展试验区规划。二是建立完善川南、渝西融合发展决策和工作推进机制。三是协同推进重大项目建设。

第四章 DISIZHANG

四川推进制度型开放的新要求

　　我国自改革开放以来，顺应经济全球化趋势，在推动商品和要素流动性开放等方面取得了巨大发展成就，一跃成为世界第二大经济体、世界第一大贸易国和第一大外汇储备国。当前，随着全球科技进步加速、经济价值链和分工的深刻变化，以贸易投资便利化、优化营商环境、加强知识产权保护等为特征的制度型开放，正成为新阶段和新形势下对外开放水平提升的新要求、新趋势、新变化、新方向。习近平总书记指出"我国的开放大门不会关闭，只会越开越大"。2018年底中央经济工作会议首次提出"要适应新形势、把握新特点，推动由商品和要素流动型开放向规则等制度型开放转变"。应该说，制度型开放为我国新一轮高水平开放指明了方向和路径。四川作为我国西部内陆地区开放高地，在推进制度型开放中机遇与挑战并存，必须适应新一轮高质量开放要求，抓住制度型开放的新契机，积极主动对标国际先进标准，按照"服务高于周边、门槛低于周边"的要求，加快健全完善相关体制机制，在营商环境、知识产权、产业政策、行政许可、竞争政策等方面持续深化改革，打造与国际规则相衔接的具有法治化、国际化、便利化的营商环境。

第一节　四川推进制度型开放存在的机遇与挑战

　　"十四五"时期，四川将进入全面建设社会主义现代化的历史新阶段，当前，四川正处于全面迈向经济强省的攻坚期，现代产业体系进入转型升级的关键期，"一干多支、五区协同"格局加速定型期，四川正全面开启改革开放新高地建设，正加快形成具有全国影响力的科技创新中心，面对RCEP协定的签署实施和成渝地区双城经济圈建设等重大战略，为四川实现更高水平制度型开放创造了难得机遇。

一、准确把握制度型开放的基本内涵

　　党的十一届三中全会以来，我国对外开放经历了由点到线、由线到面、由局部到全面的开放过程，从深圳、珠海等个别城市作为经济特区率先进行的开放，逐步拓展到沿海、沿江、沿边以及中西部内陆地区的全面开放。从开放领域方面，由单一商品、要素流动为主的开放，逐步转变为以规则、制度开放为基础的制度型开放新阶段，从浦东局部的开发和开放，到加入世界贸易组织（WTO）经济规则开放，再到自主设立自由贸易的试验区以及加强"一带一路"建设等，形成了与国际投资、国际贸易等通行规则相互衔接的运行监管和制度体系模式，持续优化关键规则、制度等方面，鼓励大胆试错、自主改革创新，尝试建立一套与国际标准、规则相接轨的对外投资和贸易的基本制度框架和管理体系，这也意味着，我国已逐步迈入新开放阶段，即促进由商品和要素的流动型开放转变为以规则、规制、管理、标准、制度等的系统性开放新阶段，这一阶段的开放领域更宽、开放层次更深、开放格局更全面。

（一）制度型开放的基本内涵

所谓制度型开放更加注重和强调开放战略中对投资、贸易等相关领域的开放性制度设计，加强国际国内规则、规制、管理、标准等制度型的相互衔接和全方位、系统性的制度设计；在开放规则的制定参与中，强化国内经贸规则、规制、管理、标准等对国际经贸制度的积极影响，参与构建高标准国际经贸规则；在开放制度的设计中，以高标准的国际经贸制度设计中，强调国际国内制度的衔接，不仅与各个领域中深化改革和扩大开放有机结合，同时在营造适宜国际、国内经济发展环境方面，创造一个相对良好的规则制度环境，实现合作共赢。

基于上述的分析，本研究认为，制度型开放在具有较强外溢效应的相关体制机制领域将本国相关规则和国际通行规则，既包括传统的进出口贸易规则、规制、管理、标准等制度，也包括新兴的以数字、信息、知识、数据等跨境经贸合作相关的制度；既包括国内为促进经济贸易并被纳入WTO规则体系的一揽子制度，也包括国内各个行业领域内部在促进经贸跨境合作实施的行业规则、规制、标准等，均属于制度型开放的范围，因而，制度型开放体现了我国改革和开放的高度统一性。

（二）制度型开放的主要特征

制度型开放是国家战略的重要组成部分，具有对内对外的一致性、统一性和稳定性。制度型开放是符合我国国内经济与世界经济的深入融合的开放，在保证我国国家经济安全的前提下，要有利于我国经济的高质量发展，有利于提升国家竞争力、活力、实力和国际地位，有利于我国全面开放并与国际通行规则的对标，提升自我开放和发展水平，使我国改革开放能够创造性地学习和修正不适宜的规则和制度。总体而言，制度型开放既是我国适应当前时代特征的要求，也具有开放性、双向性、系统性、动态性、间接性等特征。制度型开放的时代性特征主要表现为，制度型开放是与我国开放型经济发展主要依托人口、土地等要素优势向制度型新优势转换相适应的；制度型开放是我国已基本实现商品和要素自由流动向更高水平的规则、规制、管理和标准等制度型开放的新阶段，对开放提出的新要求；制度型开放是与我国已步入服务业为主的开放新阶段相适宜的，需要加快构建更加开放的新体制、新机制、新制度，构建和完善开放型的行业管理制度和配套政策；制度开放是对近年来日渐多元化的国际经贸新秩序、新规则的一种适应，是对边境措施向边境内措施延伸的主动适应。

二、四川推进制度型开放是新一轮高水平开放的必然要求

2008年，全球金融危机爆发以来，世界经济逐步进入深度调整期。此间，由于新一轮科技革命和产业创新革命仍然处于孕育之中，新的生产力还未形成推动经济发展的核心动力，原先在经济周期的繁荣时期的"隐藏"问题，如发展不平衡、公平效率问题、社会治理问题等，在经济低迷和下滑期间，容易引发当前的"逆全球化"浪潮和贸易保护主义。在新时期，随着经济全球化由主要以商品和要素流动型开放为特征向制度型开放转变，我国发展也进入新一轮高水平开放阶段，需要在继续适应、顺应、引领经济全球化发展中，提升国家实力和竞争力。近年来，四川紧密结合全球经贸开放大趋势，牢牢把握四川基础条件和发展大局，坚定不移地实施内陆地区全面开放与合作战略，加速推动并形成了"四向拓展、全域开放"的立体、全面开放新态势，四川全省对外开放空间布局持续优化、开放领域逐步拓展、对外开放的经贸水平快速提升、对外交流的"朋友圈"越来越大，在国际国内双循环新发展格局的战略指引下，作为西部内陆地区重要经济增长极的四川，也要以此为契机，率先在内陆地区

发展更高水平、更高层次的开放型经济，这既是经济发展的客观要求，也是时代和开放的必然选择。

（一）制度型开放是四川适应我国优势转换的必然要求

当前，经济全球化的发展使得全球经济社会联系日趋紧密，经济贸易的合作在加速，但仍然面临复杂的环境，推动着经济全球化朝着制度型开放转变。2018 年 11 月 17 日，习近平总书记在亚太经合组织工商领导人峰会上指出"当今世界正在经历百年未有之大变局。世界经济深刻调整，保护主义、单边主义抬头，经济全球化遭遇波折，多边主义和自由贸易体制受到冲击，不稳定不确定因素依然很多，风险挑战加剧。但是，经济全球化是不可逆转的历史大势，为世界经济发展提供了强劲动力。从纷繁复杂的局势中把握规律、认清大势，坚定开放合作信心，共同应对风险挑战，是人类最明智的选择。"

近年来，各国和地区经贸往来密切，贸易自由化持续演进，对外直接投资规模增加，商品和生产要素跨国流动性日益增强。2020 年，四川货物进出口增长 19%，总量突破 8000 亿元，较 2015 年翻一番，领跑中西部，占全省企业总数 1% 的外商投资企业贡献了超过 60% 的进出口额。这也意味着，经济全球化已经使全球经济在国际间的分工从最终产品的分工为主导，逐步转变为生产环节的分工为主导，这其中最重要的因素就是需要各国和各地区间规则、规制、管理和标准等制度的相容性和一致性，因此，无论是地处沿海还是深入内陆地区，制度型开放已经成为当前我国经济全球化发展的当务之急。

（二）制度型开放是四川适应高标准高水平开放的必然要求

从世界上主要经济体的开放历程看，在经济发展水平较低的时期，各个国家和地区都是相对独立地制定与市场经济发展相适应的对外开放制度，而当经济发展水平在全球经济中的实力和竞争力显著提升后，各国就会提升自身经贸制度的外溢性，提升自身对国际经贸规则和制度的影响力，以期与其他国家和地区经济贸易制度的相容和兼容，制度开放也将成为高标准、高水平开放的显著特征，成为主要经济体开放发展的必然选择。以美国为例，第二次世界大战以来，美国根据本国自身产业竞争优势，相继推动了其在工业制成品、金融、服务贸易等领域有关贸易自由化相关的制度和规则，通过这一进程，进一步在国际贸易、金融投资等领域取得了国际分工中的主导和引领地位，获得了巨大的利益，进而在 WTO 等国际贸易规则制定中均强调了美国国内规则和制度的优势，获得了全球经济的规则红利。除此之外，日韩在对外经济发展到较高水平后，积极推动美韩 FTA、TPP 和日欧 EPA 等高标准自贸协定的签署，期望与其他发达经济体共同构建高标准的经贸规则体系以助力自身经济发展。

从世界贸易组织（WTO）的发展历程也可以看出，随着高水平高质量高标准的多边经贸规则体系的建立，贸易与技术转让等一系列"边境后"制度的协调，使得开放和合作政策愈加深化，如劳工问题、环境保护问题、知识产权问题、国有企业问题、政府采购问题、数字贸易等领域的规则设计。与此同时，更高水平的各类贸易协定，如美国主导的跨太平洋伙伴关系协定（TPP）、全面进步的跨太平洋伙伴关系协定（CPTPP）等，也将高水平、高标准的制度开放作为未来对外开放的方向，其所代表的国际经贸规则预示着新一代经济贸易、投资等规则的最高标准，下一个经济周期将以制度型的开放为特征，高水平、高标准、高效率的国际经贸规则，将成为市场持续高效统筹全球价值链、要素、资源，统筹利用全球生产力的根本性、基础性制度保障。

（三）制度型开放是四川适应我国经济双循环格局的必然选择

当前，经济全球化的新形势具有两个方面的特征：一方面，从经济全球化的演进趋势看，科技创新必然推动全球价值链和生产力要素分工的持续纵深发展；另一方面，全球经贸和投资规则与国际贸易格局调整出现不适应，逆全球化和主要经济体之间贸易摩擦加剧，经济全球化的总体发展态势复杂不明朗，国际经贸和投资规则面临调整和重塑的"窗口期"。我国通过改革开放实现了经济的飞速发展，给中国新一轮参与国际经贸和投资规则制定、实现高水平开放带来了重要的战略机遇。对我国而言，经贸和投资壁垒的降低极大地促进了生产要素的跨境自由流动，但创新要素的跨境自由流动需要更高标准的国内制度环境。

过去 40 多年，我国的商品和要素流动开放发展是在顺应经济全球化趋势下主动参与国际经贸和投资规则的结果。但从本质上看，我国仍属于被动和跟随状态，是现行国际经贸和投资规则的接受者和遵守者，而不是规则的参与制定者，发达国家仍然主导着全球经贸和投资的"游戏规则"制定，因而，这些规则更多代表着发达国家的利益诉求，对发展中国家而言则无法为其利益诉求发声。当前我国经济实力、竞争力、影响力提升，逐步走向经济舞台的中央，在新一轮高水平开放过程中，我国在国际分工中的地位已经无法替代，并逐步走向分工的中高端水平和层次，当前的国际经贸和投资规则、制度已经无法适应或满足我国的要求，我国有责任、有能力成为新一轮经济全球化经贸规则和制度的主导者、引领者。随着"以国内大循环为主体、国内国际双循环相互促进的新发展格局"的提出，我国必须在制度型开放的规则、制度、标准等领域率先发力，引领全球进步，只有设计实施并率先确立制度型开放的规则，才能在新一轮全球经济和贸易规则的调整和重塑中，提升影响力和竞争力，并争取到更优的发展环境，甚至成为国际经贸规则和制度的供给者。

三、四川推进制度型开放的机遇

随着双循环新发展格局的加速推进，我国将在经济全球化进程中承担更大的责任，而在复杂多变的世界经济贸易环境中，我国将始终坚持改革开放，进一步维护国际自由贸易体系和为世界各国人民的贸易利益创造条件，从经贸大国迈向经贸强国。作为西部内陆地区，成渝地区双城经济圈建设成为国家战略，在内陆开放中四川将成为重要的开放引领者，新一轮的制度型开放将为四川带来前所未有的重大发展机遇。

（一）成渝地区双城经济圈融入新发展格局的机遇

国家赋予成渝地区"一极两中心两地"的定位，在成渝地区双城经济圈建设过程中，得到中央和国家各部委在项目、资金和政策等方面更多的支持，这将有效增加四川在全国的显示期和曝光度，增强企业对四川乃至整个内陆地区的投资信心和吸引力。

国内循环以满足国内需求、实现国内要素自由流动为出发点和落脚点，需要加快构建适应内需的供给体系。需求侧方面，四川人口众多，消费市场现实和未来潜力巨大；供给侧方面，四川拥有我国产业目录中的全部41个工业门类，市场主体超过680万户，产业和市场体系均相对健全。因此，四川在市场供需两侧均有相当实力和比较优势。推动制度型开放，不仅有利于充分利用四川人口和市场规模优势、科教和产业基础优势、工业化和城镇化后发优势，来建强支撑国内大循环的经济腹地，还能够进一步发挥四川人口规模优势，来实现扩大内需这一大战略基点，从而为更好地发挥消费基础作用和投资关键作用带来机遇。推动制度型开放，将为四川解决重点供应链、产业链和重点行业卡脖子的问题，增强供应链和产业链的竞争力与韧性，打通阻碍经济循环的瘀点堵点带来重要机会。推动制度型开放，有利于四川深化供给侧结构性改革，聚焦重点问题，深化市场化、引领型、创造型改革，推动高质量发展和创新。

（二）推动西部大开发形成新开放格局带来的特殊发展机遇

推动制度型开放的前提是实现经济贸易相关的要素和资源的流通顺畅。西部大开发战略是中央为支持西部发展先进服务业、战略性新兴产业和现代制造业，布局一批航空、高速铁路和高速公路等现代交通建设项目而提出的。推进制度型开放，将有效提升四川畅通国内国际双循环的门户枢纽功能。四川是长江经济带和"一带一路"的联结点，是西部陆海新通道和我国西向南向开放门户的重要起点。随着 RCEP 协定的签署，四川融入国内国际双循环迎来了新的重大机遇。

（三）推动新技术应用带来的产业发展机遇

四川推动制度型开放，实际上就是要"对内改革、对外开放"，利用国际国内两种资源，在逐步适应新技术带来的产业发展、逐步适应国际经贸规则的同时创新制度环境。以信息技术为代表的新技术革命，会给四川带来全面而深刻影响。尤其是对四川的所有制结构、产业结构、投资结构、消费结构、技术结构、就业结构、区域结构、动力结构、城乡结构调整，以及政府管理效率提升、生态环境保护、资源开发利用方式、公共服务设施改善等，意义非凡。

四川将借助于推进制度型开放，整合国内外创新资源，加强技术攻关与产业化，集中力量突破一批支撑战略性新兴产业发展的共性关键技术，占领产业技术制高点，大力推进重大科技成果产业化，促进技术转移和扩散，加快推进科技成果转化为现实生产力。制度型开放将推动创新载体和平台的建设与合作，有利于四川战略性新兴产业高新技术产业园区建设和发展，促进科技型企业孵化基地、科技创新中心、大学科技园、技术转移和交易中心等创新服务机构的发展，形成以重点实验室、工程实验室、工程（技术）研究中心等为主的产业技术创新平台，促进国内外一流大学、科研机构、跨国公司在川设立研发机构，有利于建设国际科技合作创新平台和多种形式的协同创新模式，促进创新主体间深度融合，加快创新成果的转化应用。

（四）投资消费迅速成长带来的市场机遇

新发展格局下，随着城乡居民收入的较快增长，四川及周边地区可开发的需求大，传统和新兴消费、基础设施投资等将高于全国平均水平。同时，为弥补西部内陆地区在全面建成小康社会中的欠账，对薄弱环节的有效投入将进一步加大，为增强供给能力、扩大内需提供新的有利条件。推动制度型开放，将持续扩大四川的市场范围，进一步促进区域合作全面深化，吸引来自全球的要素和资源，同时将强化与"一带一路"沿线、长江经济带沿线的产业、市场等重点领域合作，积极复制推广自贸区海关、检验检疫监管创新制度，吸引全球投资。中国（四川）自由贸易试验区的改革创新经验成果，将得到推广和复制实施，能够有效改善成渝地区乃至西部地区对外开放的空间布局，为投资贸易、金融创新、营商环境、协同开放等领域有特色的改革试点成果应用起到重要的支撑作用。

四、四川推进制度型开放的挑战

四川作为我国的经济大省，经济总量位居全国第六。但四川经济呈现出发展不平衡、发展阶段多样性和发展任务多重性的特点，导致四川未来在推进制度型开放中也面临诸多风险和挑战。

（一）增加了全面对外开放的不确定性和风险

四川作为内陆地区，在推进制度型开放中，将受到经济指标下行的压力，不仅增加了进出口贸易的不确定性，而且会改变企业厂商和消费者对国际市场竞争、国际贸易发展的预期，可能引发对全球市场的过度悲观预期。制度型开放具有短期直接利益不显著特点，这种不利于贸易与跨国投资的长期决策，会对四川对外贸易、国际投资与产业发展规划产生负面影响。主要表现在六个方面：一是国际商品市场的竞争与国际贸易摩擦将导致对外贸易不确定性和风险；二是国际投资将面临政治、经济、社会等诸多不确定性和风险；三是对外直接投资中的基础设施建设、国际间产业合作等面临不确定性和风险；四是人民币国际化、对外金融合作等面临不确定性和风险；五是国家宏观经济政策与国际合作、协调过程中面临不确定性与风险；六是国际科技合作中存在知识产权、安全等相关障碍和不确定性。

（二）提高了全面对外开放的成本和阻力

四川作为内陆地区，在对外开放过程中的一个重要目标任务是全面融入全球产业链、价值链乃至整个国际经济体系，充分利用国内与国外的两种资源、两种要素、两个市场，助力并成为国家高质量开放与高质量发展的示范区。制度型开放会因为改革开放对深层次制度和利益的调整，打破原有利益关系，增加对外开放和对内改革的成本，从而进一步增大对外开放的阻力。例如：制度型开放不仅仅涉及传统出口商品的关税与非关税减免，而且会涉及金融、投资、人才等诸多领域改革，因而，传统商品贸易市场会因此受到挤压，出现贸易替代效应，损害本地出口行业发展；推进制度型开放也会增加进口商品产品成本，特别是某些大宗进口商品的成本上升，极有可能诱发我国进口商品价格上涨，引发输入性通货膨胀，损害我国宏观经济的稳定性；推进制度型开放将会引发全球性蝴蝶效应，即国内外市场商品、资源、要素等价格变化，短期内会引起国内外经济资源要素的错配，致使经济资源、要素配置效率降低，阻碍本地产业结构调整和转型升级，增加产业结构优化的成本和风险。

（三）增加了调整全面开放的节奏和难度

四川推进制度型开放，需要持续调整和优化对内、对外开放的方向与节奏。全面对外开放战略作为我国一个长期的全局性战略，需要正确把握对外开放的方向与节奏，明确内陆开放的重点领域与区域。尤其是西部地区需要结合本地生产力水平，优化生产力布局，既不能急于求成，也不能停滞不前。四川作为西部内陆地区，经济发展基础和发展条件将受到国家战略的影响，而四川在制度型开放相关制度的创新中也会对我国全面对外开放的节奏和方向产生干扰和消极影响效应，部分新制度、新规则、新标准在落实落地、推进创新中还具有特殊性，制度红利发挥还有一段时间，需要动态调整，这不仅会增加四川全面对外开放的政策调整与政策协调难度，还可能导致对外开放政策的不确定性与不稳定性；在对外开放政策的实施过程中可能会遭遇到传统制度和传统思维的负面对冲，导致对外开放政策的积极效应难以充分发挥，不利于全面对外开放战略目标的顺利实现。

第二节　发达地区推进制度型开放的借鉴与启示

一、制度型开放的借鉴

（一）上海经验借鉴

上海制度型开放历程积累了丰富的经验，为新发展阶段推进制度话语、建立国家治理体系和治理能力现代化打下比较成熟的基础，从而能够更好地衔接到"系统集成"的工作体系中。

第一，加强改革的系统集成，为我们工作提出了指导方针引领，促使我们形成系统思维、立体思维、跨界思维、创新思维。第二，加强改革的系统集成，要求我们对经济体制改革起牵引作用。第三，加强改革系统集成，要求我们为经济体制运行创造更加宽松的营商环境，使各类生产要素顺畅流动，要素组合更加灵活，要素主体更有积极性。第四，加强改革的系统集成，要求我们有更加宏阔的视野来考察新发展环境，更好地动员开发一切有利于经济社会发展的积极因素，谋求高质量发展。第五，加强改革的系统集成，要求我们建设好和谐共建的工作氛围，从而不断完善政企、政社、政市运行关系，带动各项社会事业健康发展，使全体民众有更多获得感、有更加奋发有为的精神状态和责任担当。

关于优化全球资源配置以及推动构建新发展格局的路径，上海的经验大致可以总结为：提高全球网络联通水平；畅通全球价值链、供应链；发展现代产业，壮大服务业；提升全球运作平台的能级水平；离岸配置。

上海在推动制度型开放中，始终坚持以制度创新为其核心任务，从最初试点开始，就确立负面清单制度为重点投资管理制度。对接国际通行规则和其他市场准入制度，包括全方位实施的外商投资、境外投资的备案管理制度，同时，逐步扩大服务业和制造业等领域的开放。

通过确立贸易监管制度来促进高标准国际贸易往来和经贸便利化。上海在推动制度型开放中，深化了"一线放开、二线安全高效管住"的贸易便利化措施，探索建立货物状态分类监管模式，实施国际贸易"单一窗口"管理制度，形成了具有国际竞争力的口岸监管服务模式。

确立了能有效防范风险且更加适应国际开放环境的金融创新与经贸服务制度。上海正着力打造国际金融中心，构建与之相适应的联动机制，形成了包括金融创新框架体系在内的金融服务，为进一步拓展本外币一体化运作机制，增强建设了自由贸易账户功能，为进一步深化人民币跨境使用及相关外汇管理制度，创新相关制度，加快建设形成了一批面向国际的金融交易平台，并投入使用。

以规范市场主体行为为重点，确立了事中事后监管制度，形成了透明高效的准入后全过程监管体系。开展"一业一证""证照分离"改革试点，构建事中事后监管体系，全面推行和落实"一网通办"机制。

（二）粤港澳大湾区经验借鉴

深圳在粤港澳大湾区中实行制度型开放的八大具体路径：第一，探索顺畅和高效的资源和要素流动机制，通过资质互认打造制度涵洞推进软实力和软要素对接。第二，在"三地两制"框架下推动社会福利的跨境携带机制，探索民生领域的合作机制，为港澳居民在内地工作和生活提供一体化的国民待遇。第三，探索跨区域的社会治理协同机制，推进社会治理协同，促进共建共治共享。香港的社会义工非常发达，是社会治理的重要组成单元，深圳以及内地其他城市可以向其学习，五级行政的行政体制可以考虑改成三级，精简公务员队伍。第四，探索多制度条件下的经济合作协同运行机制。学习港澳的经济运行机制，他们有清晰的政商关系，其企业的出生、运营、死亡都是自由的，没有营业限制。第五，探索务实有效的区域开放合作机制，深圳推动形成了与港澳一致的开放合作环境。深圳形成与港澳一样的开放环境，香港连续 25 年成为自由的经济体，在实践经验中值得深圳学习。第六，探索科技和知识以及其他权益的合作保护机制。私权神圣是基本法理，包括有体产权也包括无体产权，要形成激励成果转化的制度体系。第七，探索要素流动的降成本机制，商品流动方面，深圳经过多年的发展，已经形成了完善的商品流动体系，但深圳在要素流动方面还可以在资源、要素、人才以及投融资等诸多方面有所突破，做进一步的大胆尝试。第八，探索营商环境的优化机制，为企业提供良好营商创业环境、为人才提供舒适适宜的生活环境，加强立法、司法、守法等制度环境营造和建设。

在经济层面，深圳可以推进的重点，除了底层政策要素便捷流动外，还要打造高标准的营商环境：政策环境，放管服改革等政府主动有为的行为；制度环境，准入后国民待遇，政府统一的权利；人文环境，与国际接轨的教育、医疗资源是营商环境重要的组成，国际化的教育医疗在深圳落地可以有效吸引高端人才；执法环境，要形成稳定的预期。

二、制度型开放的启示

推进制度型开放，建设良好的营商环境，保持国内外市场主体监管的一致性，为建设更高水平开放型经济新体制奠定制度基础。2013年上海自由贸易试验区设立，我国开始试点实行外商投资准入负面清单管理制度。随后又逐渐缩减自贸试验区外商投资准入负面清单的内容，并将负面清单管理制度逐步推广适用于自由贸易试验区以外的外商投资企业。在2020年1月1日实施的《外商投资法》中，也明确规定了外商投资准入前国民待遇加负面清单管理制度。按照国际通行规则，这些举措保护了市场主体、维护了市场环境秩序，有利于建立规范、高效和便利的政务服务体系及公开、透明、以法治为保障的监管执法体系，进而优化营商环境。2017年《世界贸易组织贸易便利化协定》正式生效后，中国通过一系列改革措施不断优化口岸营商环境。根据世界银行《营商环境报告2020》评估，近年来中国跨境贸易指标在190个世界经济体中的排名持续上升。中国通过实施"单一窗口"、增加透明度等措施，不断降低进出口贸易的成本，通过实施"提前申报"、完善口岸基础设施、优化海关监管和公开收费项目等改革，大幅提升了跨境经贸往来的便利化水平。

　　推进制度型开放，要立足于中国对外开放的具体实践，进行自主的制度创新。在经济转型升级、实现高质量发展过程中，对外开放也必然会面临新形势新挑战。各国的发展必须结合自身的基本国情，因此，推进制度型开放，在参照国际经验、国际标准的基础上，也需要基于国情特点和实践经验，通过自主、自觉的制度创新，形成高标准、高水平的制度规则，提升制度型开放的有效性与针对性。比如，基于我国保税区、出口加工区、综合保税区等海关特殊监管区域发展实践建立的，旨在实施更大范围、更宽领域、更深层次开放的18个自由贸易试验区，是当前我国对外开放的新高地，其建设的总体要求包括以制度创新为核心，对标国际规则，在更广泛的区域、领域和更高层次探索全面深化改革、扩大开放的新路径、新模式，加快形成更多可复制可推广且具有国际竞争力的制度创新成果，这也是制度型开放应遵循的基本路径。创新是引领高质量发展的第一动力，制度型开放也要以制度创新为动力，构建符合中国高水平开放型经济发展需要的、与国际通行规则相衔接的制度体系，为建设更高水平开放型经济新体制积累创新经验并提供有效的制度支撑。

　　推进制度型开放，要积极参与制定国际经济贸易领域相关规则，在全球经济治理中提供中国经验、提出中国方案、贡献中国智慧。更高水平的开放型经济新体制，不能仅着眼于商品和要素的跨境流动，互联网、物联网、大数据、区块链等新技术与传统领域结合所产生的新领域、新模式和新业态，也为开放型经济发展带来了新的机遇和挑战，这是世界各国面临的共同机遇。经济全球化的发展历程表明，一个以规则为基础的开放、共享的国际制度体系，对促进世界经济有序发展具有重要意义。随着数字贸易的快速发展，相应地要求政府不断提高外贸综合服务的数字化水平，要求企业及时提升贸易数字化和智能化的管理水平。因此，中国应积极参与全球数字经济和数字贸易规则的制定，并加强基于技术创新的知识产权保护国际合作，推动建立具有国际适用性和各方普遍接受的国际规则与制度体系。这方面中国已经有了积极的进展，比如，在世界海关组织框架下，各成员国基于中国经验和跨境电子商务的国际化属性，共同探讨形成了世界第一个《跨境电商标准框架》，为今后进一步补充相关技术规则和实施经验奠定了制度基础。

　　推进制度型开放，需要秉持合作共享、互利共赢的原则，为更高水平开放型经济体制建设拓展新空间。中国积极参与多边和区域、次区域合作，积极参与多边贸易规则建立和完善的谈判，维护多边经贸体制的权威性和有效性，维护以经贸规则设立为基础的，以开放、包容、透明、非歧视性等为核心价值和基本原则的国际规则体系，积极为促进形成多边和区域、次区域合作机制贡献中国方案，积极促进区域有序发展，这也能够为中国更高水平开放型经济体制建设创造有利的外部环境。为此，需要加快高标准建成立足周边、辐射"一带一路"、面向全球的自由贸易区网络。中国目前已与二十多个欧洲、亚洲及美洲、非洲经济体签署了自由贸易协定，在不断扩大自由贸易区网络覆盖范围的同时，积极推进已生效自贸协定的升级谈判或第二阶段谈判，进一步提高开放水平、扩大市场准入、提高自由贸易区规则标准。通过自由贸易区谈判，缔约各方就贸易和投资等相关领域进行规则协商、制度协调与创新和机制升级，自由贸易区的经济体量大小与其对全球经济和贸易规则治理产生的影响力呈正相关的关系，前者越大，后者也就越大。特别是在全球价值链中，中间品早已超越最终制成品成为国际贸易中的主要商品，这一贸易发展趋势对规则的兼容性和协调性提出了更高要求，同时也要求贸易便利化举措由传统的削减贸易壁垒升级为协调各国的国内规则标准。因此，多方参与的自由贸易区，能够通过自贸协定规则协调来降低交易成本、促进区域内价值链的分工深化和产业链转移、提升区域内企业的效率水平。高标准的自由贸易区是在更深层次和更大范围上的规则协调与创新，不仅提高了中国的对外开放水平、拓展了开放空间，也有利于缔约伙伴国优化资源配置、更好利用中国市场来提升其发展动能。此外，规则治理是共建"一带一路"的制度基础，这包括交通、通信、能源等基础设施标准与规则的协商与兼容，以及贸易和投资等经贸领域规则的对接与协调，中国可以基于自身的成功发展实践，在共建"一带一路"过程中与各相关国家一起优化制度环境、提升规则标准、推进建立合作共赢的对外开放体系。

第三节　四川推进制度型开放的对策与建议

制度型开放既有很强的理论性、思想性、战略性，又有很强的针对性、实践性、操作性。明确新时代的开放理念、开放战略、开放目标、开放布局、开放动力、开放方式等，深度融入国内国际双循环，推动更高水平开放，推动成渝地区双城经济圈协同开放，四川在制度型开放中推出了一系列新任务新举措。

第一，营造一流营商环境。一是坚持以制度型开放为方向，打造与国际经贸规则相适应的市场化、法治化、国际化的营商环境，进而推动投资和经贸的自由化与便利化。二是促进外商投资服务便利化。严格落实外商投资的准入和审核的负面清单制度，对于负面清单以外的其他相关领域，按照内资和外资规则一致原则进行管理。第二，建设开放通道体系。发展枢纽经济和通道经济，有利于提升一国（或地区）的国际班列综合竞争力。完善和强化多式联运体系。第三，提升开放平台功能。一是搭建高水平开放平台，高质量建设中国（四川）自由贸易试验区，推进各类开发区创新开放发展。二是以自贸试验区建设为重点，构建更高能级开放平台。三是加大成都国家自主创新示范区开放合作力度。第四，提升产业发展质量和水平。一是以推动内外贸一体化和贸易投资融合为路径，发展更高水平开放型经济。二是积极引进企业总部和功能性机构。三是促进现代服务业和先进制造业开放。第五，加强创新开放合作。一是加强技术创新开放合作。二是加强创新合作平台的开放建设。三是加强创新人才开放合作。第六，深化国际交流合作。积极参与"一带一路"建设，加强与港澳台对话交流，拓展对外交流合作，支持成都建成国际门户枢纽城市。

第五章 DIWUZHANG

四川自贸区建设与发展

第一节　中国自贸区（自贸港）理论与实践

自 2013 年 9 月 27 日上海自由贸易试验区正式挂牌成立，经过七年多不断深入开放，中国自由贸易试验区已经在 2020 年扩大到 21 省。随着覆盖全国范围的自由贸易试验区建设规模形成，自由贸易试验区作为新时代改革开放的新高地，已经成为连通我国国际国内双循环和构建新发展格局的重要平台。

一、自由贸易试验区（自贸港）发展理论

自由贸易区有广义自由贸易区和狭义自由贸易区之分。广义自由贸易区是指由两个或两个以上的国家根据 WTO 规则，签署自由贸易协定，区内无关税和限制，区外实行保护贸易的特殊经济区域。狭义自由贸易区指一个国家设立的置于海关管辖之外的特殊经济区域，区内取消对进口货物的配额管制，货物免税进口等。

整体上看，自由贸易试验区的设立为国家重大战略提供服务。通过自贸试验区实施更加开放自由的投资与贸易措施，不仅会推动其所属地区的经济发展，而且会带动所属经济区域的连片发展。在服务国家战略方面，自贸试验区在服务京津冀协同发展、粤港澳大湾区建设、长三角区域一体化发展这些战略方面都取得了比较明显的成效。广东自贸试验区依托邻近的港澳地区，服务于粤港澳大湾区核心示范区；福建自贸试验区依托邻近台湾的优势，为两岸经贸合作探索深化合作新模式；重庆自贸试验区发挥内陆交通枢纽优势，服务于"一带一路"建设与长江经济带建设。

自由贸易试验区是全面对外开放的重要窗口和吸引外资的重要平台。自贸区作为政策改革的试点，开展了投资、贸易、金融等方面的一系列先行先试的举措，其开放程度和制度创新程度高于其他地区。政府给予自贸区很多投资贸易的自由化和便利化制度支持，使其能够更好地与国际制度接轨，打造国际营商环境，鼓励跨国企业在自贸区设立总部。自贸区的国际化平台以及开放态度带来的不仅是外商和资本，还有随之而来的优质人才和管理经验，以及与技术

先进的国家进行合作的机会。自由贸易试验区依托投资、贸易、金融、外商投资服务和管理领域的创新探索和实践，对标国际高标准的投资贸易自由化、便利化水平，是我国对外开放的前沿。对内，在改革方面，自贸试验区以制度创新为核心，提升了所在城市的财政收入和开放程度，对所在城市进出口总额贡献明显，对于区域经济发展有着重要的特殊意义。

二、自由贸易试验区（自贸港）发展概况

习近平总书记 2017 年 10 月 18 日在党的十九大上提出赋予自由贸易试验区更大的改革自主权，探索建设自由贸易港。2020 年 6 月 1 日，中共中央、国务院印发《海南自由贸易港建设总体方案》。2020 年 12 月 31 日，经国务院批准，国家发改委、商务部发布《海南自由贸易港外商投资准入特别管理措施（负面清单）（2020 年版）》。负面清单的制定出台推动了海南自由贸易港投资自由程度和便利水平的提高，有助于加快探索和建立具有国际竞争力的开放政策和制度。在自由贸易试验区、自由贸易港探索和成长的过程中，逐步走出了一条具有鲜明中国特色的自由贸易试验区（自贸港）发展之路。

自由贸易试验区形成了现代商贸及金融为主、战略性新兴产业为辅的产业格局。现阶段我国自由贸易试验区围绕商品、服务、人才、资本的信息流动，在产业发展上以现代商贸物流、金融等生产性服务业为重点，着力布局信息技术、生物医药等战略新兴产业。

商务部国际贸易经济合作研究院发布的《中国自由贸易试验区发展报告（2020）》统计显示，2019 年全国 18 个自贸试验区累计新设企业约 31.9 万家，其中外资企业 6242 家，进出口总额 4.6 万亿元，实际利用外资 1435.5 亿元。我国前 18 个自贸试验区 2020 年 1—10 月的进出口总额为 3.8 万亿元人民币，占全国的 14.8%，浙江、河南、四川三省自贸试验区增长最显著。我国前 18 个自贸试验区 2020 年 1—10 月实际利用外资达 1310.1 亿元人民币，占全国的 16.4%，其中海南、福建、上海自贸试验区的增速最明显。[①]

---

① 《中国自由贸易试验区发展报告（2020）》发布［EB/OL］. 中国一带一路网，2020－12－17.

三、自由贸易试验区（自贸港）制度创新现状

2019 年 8 月，《中国（上海）自由贸易试验区临港新片区总体方案》《中国（山东）、（江苏）、（广西）、（河北）、（云南）、（黑龙江）自由贸易试验区总体方案》相继出台，进一步实现了从北到南、从东部沿海到西部内陆的自贸区扩容。新增的六个自贸区方案设计更加突出制度创新，要求对标国际先进规则的总体要求形成更多国际领先的制度创新成果。

制度创新是自由贸易试验区的核心任务，围绕制度创新自由贸易试验区进行了积极探索。《中国自由贸易试验区发展报告（2020）》显示，仅 2019 年国家层面，就共取得了 66 项自贸试验区可复制推广的制度创新成果。66 项制度创新成果涉及的领域中，最多的是投资（占 19 项），事中事后监管占 15 项，人员便利流动占 12 项，贸易和金融开放创新各 7 项，优化税收征管 6 项。[①] 自由贸易试验区制度创新更加突出差异化这一特色。2019 年开始天津、重庆和陕西拿出了金融领域的制度创新成果，打破了上海自贸试验区一家独大的格局。

第二节　四川自贸区建设的历程和经验

目前四川自贸试验区涵盖三个片区，实施范围共计 119.99 平方公里。其中成都天府新区片区 90.32 平方公里（含成都高新综合保税区区块四〔双流园区〕4 平方公里、成都空港保税物流中心〔B 型〕0.09 平方公里），成都青白江铁路港片区 9.68 平方公里（含成都铁路保税物流中心〔B 型〕0.18 平方公里），川南临港片区 19.99 平方公里（含泸州港保税物流中心〔B 型〕0.21 平方公里）。[②]

---

① 《中国自由贸易试验区发展报告（2020）》发布［EB/OL］. 中国一带一路网，2020－12－17.
② 国务院关于印发中国（四川）自由贸易试验区总体方案的通知［EB/OL］. 中国政府网，2017－03－31.

一、成都天府新区片区

四川自由贸易试验区成都天府新区片区包括天府新区成都直管区、成都高新区、成都双流区三大部分，先后有多项优秀案例在全国、全省进行复制推广。

（一）产城融合同城拓展

成都高新自贸试验区不断扩大自贸试验区和"朋友圈"。创新提出要高起点与综保区联动，形成"研发设计在自贸区＋生产制造在综保区"的互动模式，完善供应链就地配套。携手"身边"小伙伴，扩大"朋友圈"谋合作，发挥区域优势亦是拓"宽度"的有益举措。针对成德眉资地区，突出同城化发展，提出共同举办欧洽会、软洽会等国际会议，共推新经济产业发展机会清单，共同举办国际性产业项目和城市建设推介活动。与成德眉资的紧密"牵手"将加快产业"朋友圈"建设，助推融入全球多边投资、技术及项目合作体系。

合力推进"新基建"将推动成渝双城经济圈发展。谋划与重庆共建成渝电子信息产业生态圈。在产业园区合作方面，依托成都空港新城、重庆南岸区打造成渝高速沿线电子信息产业配套走廊；在前沿技术合作方面，依托两地的中国移动 5G 研究院和互联网研究院，共创 5G 互联创新生态；在新基建方面，合作推进大数据中心、大数据共享平台等新型基础设施建设。与此同时，发挥双方产业优势，以电子信息产业生态圈为依托，推动川渝两地共建自贸协同改革示范区，助力成渝双城经济圈建设。

（二）做好差异化自贸创新

作为四川自贸试验区的重点区域之一，成都自贸试验区围绕国家战略部署，开展差异化自贸创新，其中成都海关做好落实减税降费相关工作，有效降低了企业国际贸易成本。通过持续探索中欧班列运费分段结算估价管理改革创新——科学合理分摊境外、境内段运费，实现中欧班列境内运费不计入完税价格。进一步细化明确操作指引，持续扩大试点范围，试点商品从进口汽车拓展至肉类、红酒等，从单箱试点扩大到整列应用。该项改革 2020 年 6 月通过海关总署自贸创新举措备案，成都海关将在班列运营平台逐步发布更多的线路运费成本比例的基础上，进一步扩大试点范围，支持所有符合条件的外贸企业参与改革。

为支持国家"客改货"部署，参照货机管理方式对客机改"全货机"航线实行准许航空公司提前安排载货计划，确保货物"即到即装即飞"，提高航空口岸货物通关效率。双流国际机场通过运营"客改货"航班，航空物流周载货能力持续提高。支持中欧班列（成都）开展跨境直邮出口业务，支持企业开行"市场采购贸易专列""木材班列""整车专列""防疫物资专列"等个性化定制中欧班列，推动"一带一路"沿线国家间稳定国际供应链和企业复工复产。成都海关创新空港口岸"码上办"业务模式，实现空港口岸卫生检疫业务"一站式"线上办理和全链条闭环管理，成都双流空港口岸卫生检疫整体效率提升一半以上。

（三）区域发展特点不断凸显

天府新区成都直管区以构建公园城市形态和促进生态价值转化为发展方向，加快公园城市规划设计，大力推进指标评价体系建设和政策支撑体系的完善，建设新时代公园城市典范。

打造新的增长极。天府新区成都直管区大力构建"1＋3＋N"现代化产业体系，建立覆盖企业全生命周期的全要素协调供应机制，打造公园城市总部商务区，加快"会展＋文创""会展＋商贸""会展＋科技"等会展新经济融合发展步伐，全力争创综合性国家科学中心。

打造内陆开放门户。天府新区成都直管区探索建设内陆自由贸易港、推动四川天府新区和重庆两江新区加强战略合作、实施国际资源引入计划、探索建立内陆"无水港""飞地经济"。

打造国际化营商环境。天府新区成都直管区争取国家南亚标准化（成都）研究中心落户、编制高端紧缺人才开发目录；完善市场主体救治和退出机制；加快聚集区块链、大数据、云计算、人工智能、物联网等金融科技企业等。

打造全域国际化社区。天府新区成都直管区启动安公、南山、天府中心国际化示范区建设，规划布局国际化商圈和旗舰型商业集群，构建"类海外生产生活场景"。

打造现代化治理体系。天府新区成都直管区已建成全覆盖、全过程、全天候的城市精细化管理机制，建立完善的垃圾分类标准、道路清扫保洁标准、垃圾收运处置标准等精细化管理标准。此外，天府新区成都直管区大力推动科技赋能城市治理。

二、成都青白江铁路港片区

成都青白江铁路港片区重点发展国际商品集散转运、分拨展示、保税物流仓储、国际货代、整车进口、特色金融等口岸服务业和信息服务、科技服务、会展服务等现代服务业，打造联通丝绸之路经济带与长江经济带的支点。

当前，四川自贸试验区青白江片区的成都国际铁路港已建成亚洲最大的铁路集装箱中心站和全国最大的铁路散货站，先后获批并建成整车、肉类、粮食、木材等指定口岸和多式联运海关监管中心。中欧班列连续四年开行量位居全国第一，年均增长率超过 120%。

（一）建设立体多向战略通道

把互联互通作为对外开放的前提和基础，"以大通道促大开放"，共联接境外近 30 个城市、境内近 20 个城市，持续拓展 7 条国际铁路通道、5 条国际铁海联运通道，最短 8 天到达欧洲腹地。东向连接长三角和日韩，打造沪汉蓉沿江精品主通道，构建东亚连接欧洲的中转枢纽。与上海、宁波等国内海港和大阪、仁川等国际港口合作，推动东向通道上升为国家战略主通道。南向与钦州、广州、深圳、香港、新加坡等港口合作，多港口、多向度拓展西部陆海新通道；织密经北部湾、大湾区联通东盟各国的海铁联运班列和国际直达班列网络，辐射 50 多个国家、90 多个港口。西向新增卢森堡、弗罗茨瓦夫 2 个节点城市，实现北至俄罗斯、南至土耳其、中至波兰的三线并行格局。北向推动俄罗斯、白俄罗斯班列双向稳定开行，促进木材、纸浆、肉类、整车等运贸一体化，双向重载率保持 100%。

（二）建强高能级开放平台

成都国际铁路港国家级经开区已纳入中央新一轮西部大开发实施计划，当前培育工作顺利推进。成都陆港枢纽入列首批国家物流枢纽建设名单，肉类、整车、粮食、木材等指定口岸稳定运行，成功获批四川唯一的二手车出口试点承载区域。随着52万平方米欧洲产业城标准化厂房的建成投用，以及43万平方米高品质科创空间——国际贸易产业园和"一带一路"大宗商品展示交易中心的建成，开放承载能力将进一步提升。

（三）形成外向型产业集群

现代物流方面，引进菜鸟等重大物流项目，供应链管理企业前50强三分之二以上落户港区。国际贸易方面，搭建起多功能国际贸易综合服务平台，绿地贸易港、香港新华全球购、盒马鲜生等进出口贸易龙头企业有43个被引进实施。保税加工方面，智能家电产业集群已成型，同时瞄准适铁适欧智能制造和先进材料产业，依托欧洲产业城、先进材料产业功能区，产业外向度进一步提高。

（四）构建协同开放发展新格局

坚持"一干多支、五区协同"战略部署，深入推进成德眉资同城化战略，联合德阳黄许物流园、德阳高新区、中江凯州新城等，重点拓展现代物流、装备制造等产业，协同发展成德临港经济产业带。加强与新都现代交通产业功能区、金堂淮州新城合作，推进轨道交通、通用航空、节能环保等产业加快发展，共促成都国际铁路港经开区扩容提能。运用战略通道使全川企业可以获得无差别政策服务和平台支撑。实现与宜宾、泸州等地开展铁路水路联运，实现与全川12个市州共建"亚蓉欧国际班列"基地，与县（市）区推进产业合作，已实现生产基地在市州＋出口结算在港区的产业模式，年均带动全省进出口贸易达一百亿美元以上，其中川内货值占比超过65％。

（五）精准出台促进外向型经济政策

先后出台产业政策"黄金十条"、人才新政"30条"等全面扶持政策，针对性出台《促进国际贸易和现代物流发展若干政策》等开放领域扶持政策，从面上覆盖大、中、小、微企业，从产业上覆盖整车进出口、跨境电商等重点领域，从供应链角度为物流、供应链金融、外贸综合服务平台等发展提供支持。持续实施政府购买场站公共服务，减免企业在口岸和保税物流中心的物流操作费用，对海关特殊监管区域（场所）及铁路口岸公共收费项目给予一定补贴，切实降低企业经营成本。转变班列补贴方式，从支持全国范围揽货的接续补贴转变为重点针对"适川、适铁、适欧、适贸"货物的运货一体化政策，努力推动降本增效。

充分发挥自贸区先行先试优势，全国首创多式联运"一单制"改革，率先实施关税运费机制改革，集拼集运模式纳入全国可复制可推广改革试点经验，着力创造国际化一流营商环境。

三、川南临港片区

川南临港片区以航运物流、教育医疗、港口贸易等现代服务业为重点产业，全力发展装备制造、食品饮料、现代医药等先进制造和特色优势产业，现已成为重要的区域性综合交通枢纽，是成渝城市群南向开放、辐射滇黔的重要门户。泸州综合保税区、中国（泸州）跨境电子商务综合试验区在 2019 年 12 月相继获批。为充分发挥平台叠加优势，实现高质量发展，2020 年 5 月四川自贸区川南临港片区、泸州综合保税区、中国（泸州）跨境电子商务综合试验区实行"三区合一"，统筹发展。

（一）探索改革创新新举措

截至 2021 年已经全面完成《总体方案》试验任务。"企业套餐式注销"等3 项改革成果在全国复制推广，企业开办"小时清单制"等3 项改革经验得到国务院办公厅、国家发改委通报表扬。经毕马威评估，四川自贸区川南临港片区企业开办、项目审批、出口退税、进出口通关等效率在全国均处于领先地位。

（二）持续推进重点产业发展

依托内陆水港优势，重点发展商贸物流、电子信息、高端纺织、新材料等产业。发展商贸物流业，引进厦门建发、和润粮油等实力企业。壮大电子信息产业，加快建设中国电子泸州产业园。围绕恒力集团做强高端纺织产业，布局新材料产业。

（三）建设高质量的开放平台

加快综保区建设。2021年1月，泸州综保区正式封关运行。加快跨境电商综试区建设现已成功落地保税备货进口、B2B直接出口业务，建成归途、EAF、洋淘港3个跨境电商交易平台，建成跨境电商监管中心。进境粮食指定监管场地高质量运营。2017年以来，泸州港进境粮食累计超过100万吨。

（四）不断构建开放通道

2021年第一季度，泸州云龙机场已开通49条航线，是除直辖市、省会城市外开通通航点最多的地级市之一。泸州港已开通每周30余班内支线班轮、3条近洋航线、11条铁水联运班列，泸州至上海、广州、钦州、香港等地的班列班轮航线已稳固成熟，并构建起泸酒北上、北粮南下的贸易新通道。[①]

四、三区协同开放

四川自贸区承担着实施内陆与沿海沿边沿江协同开放的使命。对此，四川各个自贸区结合各自优势有针对性地展开了差别化的探索。

成都天府新区片区依托临空优势，拥有现代服务业、高端制造业、高新技术产业，充分发展临空经济和口岸服务；成都青白江铁路港片区充分发挥铁路优势从而实现国际商品的集散转运、分拨展示、保税物流仓储、国际货代、特色金融、信息服务；川南临港片区具有临江优势，主要依托航运发展航运物流、港口贸易、教育医疗、现代医药、食品饮料贸易，从而实现了四川自贸区

---

① 泸州云龙机场2021年夏航季换季航班计划新闻通气会［EB/OL］.泸州新闻网，2021-3-16.

空—铁—江相对健全的自由贸易体系。

根据四川自贸试验区的自身优势和发展战略，四川自贸试验区在不断加强三大片区之间的沟通协作。围绕全省"一干多支、五区协同"的区域发展新格局，实现三大片区之间的错位发展，通过合作联动达到优势互补和基础设施的互联互通。同时以公共服务平台共享为载体搭建统一的综合行政执法体系，不断健全第三方评估监督机制，完善风险防范机制，形成三大片区协同开放的软硬件支撑网络。

挂牌以来，四川自贸试验区各片区间有了丰富的协调合作实践，如签合作备忘录或战略合作协议。基于铁空、铁水联运模式实践，形成了在不同片区协同开放方面的相关制度创新成果和实践范例。2020 年 7 月，成都与泸州两地签署了协同推进成渝地区双城经济圈建设合作协议。该协议进一步促进成都国际铁路港集货班列优势与泸州航运中心港口优势的发挥，还将推动"成都—泸州—武汉、成都—泸州—上海"铁水联运班列、公水联运班车常态化开行及"蓉欧＋泸州港"公铁水联运。

第三节　四川自贸区建设的新挑战

自贸试验区一直积极探索制度型开放并将制度创新成果不断推广。目前，自贸试验区以实现进一步扩容为契机，致力于探索更高水平的自主开放。全国两会上，国务院总理李克强在政府工作报告中提出了加强自贸试验区改革开放创新，推动海关特殊监管区域与自贸试验区融合发展，发挥好各类开发区开放平台作用的新指示。这对中国进一步开放市场提出了更高要求，也为中国自贸区的先行先试、对标国际高标准贸易规则、深化制度创新带来了新的机遇与挑战。

四川自贸试验区成立以来，对外开放通道的不断突破，换来了四川对外开放水平和质量的更大突破：2020 年四川自贸试验区利用外资增长 308.6%，进出口增长 20.7%，引领全省进出口规模跃居全国第八位、增幅第二位。推动内陆开放型经济发展，实现四川自贸试验区高质量发展的探索还需要不断深入，找准发展的突破口和着力点。①

一、四川自贸试验区的发展趋势

当前，全球经贸规则正面临百年不遇的大变局，多边贸易秩序将迎来重大变革。2018 年的中央经济工作会议提出：适应新形势、把握新特点，推动由商品和要素流动开放型向规则制度开放型转变。由商品和要素流动开放型向规则制度开放型转变，在改革力度越来越大，开放程度越来越高，改革自主权越来越大和系统性集成性越来越强的大趋势下，四川自贸试验区需要从以下几点推进工作：

一是持续深化改革。以体制机制的探索与政策的创新推动更高质量的开放，赋予自由贸易试验区更多改革自主权，进一步破除深层次的体制机制障碍。

二是持续完善法治建设。完善自由贸易试验区法制建设的发力点在于对产权和知识产权的保护，重点是完善公平竞争制度，核心是激发市场主体发展活力。

三是持续高水平开放。自由贸易试验区还需进一步对接国际规则，实现全方位的制度型开放，大力推动国际交流合作。

四是持续加速科技创新。加速实现科技成果向生产的转化，不断优化和提升产业链，维护产业链安全。

五是持续要素自由流动。要素的自由流动是自贸区的重要特征，因此可以通过自贸区的联动发展，推动高端要素跨区流动。

二、四川自贸试验区发展面临的挑战

自贸试验区建设是一场具有开拓性的持续的政策试验，是系统性、综合性的改革。需要在加快转变政府职能、扩大投资领域开放、推进贸易发展方式转变、深化金融领域开放创新、完善法治领域的制度保障等方面进行不断的系统

① 四川自贸试验区这 4 年［EB/OL］．四川省人民政府网，2021－4－1．

深化和优化。结合四川实际，四川自贸试验区的发展主要面临以下几个方面挑战。

（一）进行改革试验、开放压力测试更加迫切

国际上保护主义纷纷抬头，新的国际投资贸易规则在加速重构。国内改革进入深水区，开放面临新形势。在这个时期，自贸区建设需要进行更多、更高的改革试验和开放压力测试。推进自贸区建设是顺应我国从高速增长迈向高质量发展阶段，探索与之相适应的体制机制的需要。需持续推动改革向纵深发展，对标高标准规则加大系统集成创新，引领开放新模式探索。未来需要发挥好自贸试验区在改革开放的引领性功能，统筹发展和安全，先行在自贸试验区进行压力测试、快速迭代。

（二）整体制度创新力度有待加强

我国自贸试验区的制度创新改革"小修小补"式改革多和重大突破性改革少、"碎片化"改革多和系统性集成性改革少、"相互借鉴"式改革多和独创性引领性改革少。《国家"十四五"规划纲要（草案）》要求赋予其更大改革自主权，深化首创性、集成化、差别化改革探索。当前四川自贸试验区创新性成果较多但首创性、集成性成果占比偏少，金融、外资等领域深层次改革创新成效不明显，因此需要完善整体制度创新的力度。

（三）亟须探索差异化制度改革

近年来，自贸试验区的数量和覆盖面进一步增大，导致开放竞争态势不断加剧，开放产业逐步扩大、多重国家级平台叠加、口岸能级持续提升等发展机遇迫切需要转化为自贸区发展优势，才有利于其凭借自身优势得到更大的发展。对于内陆的自贸区，关于贸易、金融及高科技的政策作用不及沿海地区明显。差异化探索是实事求是的要求和表现，应一方面防止同质化造成浪费和不必要的竞争，另一方面立足自身发展特色，走出适合自身发展现状和区域特色的自贸区发展之路。

（四）系统深度合作与协同发展需要

区域协作的深度和领域有待拓宽，协同开放效应仍需增强。行政管理壁垒造成的阻隔和体制机制障碍需要进一步破除，从而实现要素资源跨区域自由流动。未来应大力推进体制机制创新，破除影响要素流动的制约因素，构建人才、技术和信息自由便利交流机制，建立一体化的人才互认机制、一体化的科技基础设施共建共享机制，共同促进四川自贸区与成渝双城经济圈的有效流动和优化配置。加强片区间交流和联系，发挥特色产业优势，推动片区协同发展，提升四川自贸区整体开放水平，打造立体全面、协同共兴的开放格局。深度融入成渝地区双城经济圈建设，推动川渝自贸试验区协同开放示范区建设，实现区域经济一体化。

（五）关注数据跨境流动安全

对数据跨境流动带来的发展利益和安全风险进行总体平衡把握，积极探索创新机制。在部分区域、行业，以及企业之间寻求突破口，完善多渠道数据流动方案，鼓励行业标准和认证成为数据跨境合规转移的重要机制，探索数据分级分类，对不同类型数据实施相适宜的流动模式。除此之外，四川自贸试验区还应完善自身建设提升软实力。自贸区的政策优惠显著，除了依赖政策驱动，还要同时完善城市基础设施建设，为外商提供良好的投资环境。推动本土企业的创新发展，以自贸区的创新文化和开放的意识促进本土企业对新兴产业的探索，提升本土企业走出去的动力。

第六章 DILIUZHANG

加快推进国际营商环境建设

第一节　国内外营商环境建设的经验

"十四五"期间，深入分析国内外经验，深刻思考背后的现实条件、战略考量和逻辑关系，结合新时代四川的目标定位和发展实际，明晰未来的工作方向和着力重点，有助于四川走出一条具有新时代特点、体现新发展理念、彰显四川特质的对外开放之路。

一、对标新加坡，深化营商环境改革

新加坡以其优良的国际营商环境闻名世界。为优化国内营商环境，吸引国外投资，新加坡一直致力于优化政府服务、推进税收优惠、规范市场秩序等，力求提供极具竞争力的政策支持体系。

第一，政府主导的信用机制。一是建立政府信用担保机制。建立"企业申请＋银行评估＋政府审核"的贷款机制和"银行＋政府"风险承担机制，如果后来产生坏账，政府必须为此支付 50％ 的贷款本息。二是建立与行业商会的合作机制。行业商会是政府收集企业信息的有力助手，也是政府为企业提供各类咨询、培训和资金支持的有效渠道。三是提供人才支撑机制。由政府发放专家和技术人员的工资，政府根据企业需求，借调高级技术人才和专家入驻企业，或者根据企业实际科研投入以一定比例进行资助。

第二，定向精准的税费制度。政府提供有计划、有侧重、有选择的税收优惠政策激励支持。目前，新加坡主要的税收激励措施包括：一是全球贸易商计划。为符合资格的贸易收入降低 7％ 或 12％ 的企业税率（当地企业所得税率为 17％），包括以新加坡为基地从事国际贸易的有关企业。二是区域/国际总部计划，为将区域/国际总部设在新加坡的跨国企业推出较低企业所得税税率。三是研发业务优惠，在 2025 年以前，新加坡发生的符合条件的研发活动费用，企业可享受 100％ 的税务抵扣和额外 50％ 的税务抵扣。四是金融与财资中心激励措施，获得认可的金融与财资中心企业可享受 8％ 的企业所得税优惠税率。五是提供税收优惠，政府不仅针对符合资格的公司有专门的税收豁免政策，就连新成立的新加坡公司，政府也提供前3年的政府免税计划政策。

第三，开放宽松的企业发展机制。一是设立专门的服务机构。设立国家企业发展局，为国内企业跨国业务提供海外对接、连接、调查、拓展等服务。明确一对一服务机制，定向针对具体的产业，量身定做走出国门计划。政府建立多个促进经济发展的海外服务机构，为走出国门的企业提供免费服务。二是支持企业积极开拓市场。给予在国外调查市场的企业50%左右的补助，并且企业跨国经商前期，从厂址规划到投产，政府在方方面面都给予支持。三是支持高端高质企业发展。新加坡政府鼓励支持劳动密集型企业向国外转移，在国内主要保留总部经济、高端制造业。

四川省与新加坡在深化营商环境方面的对标见表6-1。

表6-1　四川省与新加坡深化营商环境对标

相关政策	四川省	新加坡
优化民营经济发展环境	改革企业扶持激励制度，出台促进民营经济健康发展的条例，在产业功能区及园区开展企业投资项目承诺制试点	政府信用担保、政府行业商会合作联动机制
优化政务服务	简化行政审批流程，强化市场监管制度，优化司法产权保障环境，深化"放管服"改革、"最多跑一次"改革、"多证合一、一照一码"登记制度改革、证照分离改革试点	积极的境外投资政策与服务（设立国家企业发展局、海外办事处等），推进智慧国计划，建立先进的电子政务系统
完善外商投资机制	引入准入前国民待遇加负面清单管理制度，推行多式联运"一单制"改革	平等的公司税收优惠、全球贸易商计划、区域/国际总部计划
激励科研创新	出台四川省激励科技人员创新创业十六条政策，推进科技成果"三权"改革	专项人才支撑补贴计划、研发业务税收优惠；举办全国性的科技创业赛事、成立创新中心

二、对标伦敦，构建现代金融制度

英国伦敦是全世界的金融枢纽，是全球最大的外汇、保险、金融衍生品、黄金交易市场。作为世界最大的国际银行贷款来源之一，伦敦金融城的跨国贷款占全球总额的19%，位居世界第一；伦敦金融城同时也是世界上最大的外汇市场，日均外汇交易约2.5万亿美元，占世界41%的份额。金融科技产业是推动伦敦城市整体顺利转型的重要动力源，其金融科技产业发展表现出来的一些新趋势和新特征，对当前四川省推动金融产业发展、促进城市转型升级有着重要参考价值。

第一，充分自主的行政机制。作为英国第一个有自主权的地方政府和英国最古老的地方政府，伦敦金融城具有独立的市政、警察和司法机构，通过自主选举产生市长，与"大伦敦"圈保持着相互依存却又独立自主的关系。伦敦的市长多是钱商富贾，得到金融城内众多商人的认可，使得历代政府都以发展壮大区内金融资产为本。

第二，市场化的金融体制。在撒切尔时代，通过"金融大改革"，伦敦各金融市场解除了管制。改革让金融城废除了固定佣金制、废除了一些对金融机构的限制法规，并逐步放开了外国机构进入英国市场的门槛。伦敦金融城的管理治理总体保持远离政治、尊重市场的体制框架。数十年来，世界各地的银行、保险公司和资产管理公司将全球业务集中于此，就是因为其宽松且公平的市场环境。

第三，科学合理的产业引导机制。在2004年，大伦敦政府出台《大伦敦空间发展战略规划》，推出著名的中央活动区规划举措，通过集聚多方要素提升伦敦核心区域的能级。在中央活动区范围内，以往以商务办公功能为主的土地利用和开发模式将转向兼容金融和商务办公、文化、旅游及创意产业等多元化的主导功能，并增加酒店、公寓和休闲娱乐等配套功能，形成综合功能城区，满足21世纪产业发展和吸引各类人才的需要。此后，伦敦金融城便逐渐发展成为金融与专业服务行业的聚集地，目前伦敦金融城内一共有约25000家公司。而在其临近的伦敦科技城内，更是集聚了与金融高度耦合的2000多家高新科技公司。虽然伦敦金融城和科技城内有众多的企业，但99％都是中小型企业，大型企业不到300家，这里是众多初创企业的温床。

第四，稳定的金融服务业监管机制。伦敦自第二次世界大战过后即致力于打造灵活且富有创新精神的监管环境，维系其金融中心地位。20世纪80年代，英国政府推动以金融混业经营为特征的金融服务业自由化改革，取消对商业银行投资证券的限制，确立了混业监管的"三方体系"，实行统一金融监管。20世纪90年代末，英国进一步对金融监管体系进行改革，成立金融服务监管局，赋予其对所有金融机构独立统一的监管权。2007年次贷危机后，英国进一步加强了英格兰银行宏观审慎监管和危机处理能力，并设立了独立的金融行为监管局对金融机构进行监管，以维护金融系统稳定。2016年以来，为积极应对脱欧影响，英国继续坚持"维持市场准入""维持金融单一护照"，以保持高效监管与市场活力的平衡。

四川省与伦敦市在构建现代金融制度方面的对标见表6-2。

表6-2 四川省与伦敦市构建现代金融制度对标

对标内容	四川省	伦敦市
相似定位	建设成都为金融中心、文创中心	世界金融中心 全球创意中心
市场评价	"外资东进、内资西移"的首选之地 外资金融机构数量位列中西部第一 外资金融机构资产规模和盈利能力均位居全国前列	欧洲金融中心、全球金融中心 离岸美元结算中心 为跨国企业提供海外上市融资渠道，提供美元的离岸服务 自由市场制度
亮点	金融区域协作机制	充分自主的行政机制 市场化的金融体制 金融区域协作机制 科学合理的产业引导机制 稳定的金融服务业监管机制

三、对标深圳，建立全面创新体制机制

作为制度创新的"领头羊"，深圳前海蛇口自贸片区自2015年4月27日挂牌以来，累计推出了442项制度创新成果。在制度创新方面成果丰硕，且很多都是全国首创或领先，在全国范围内大量复制推广。

第一，高效的区域发展协调机制。2015年，深圳西部港区的蛇口港、赤湾港以及前海湾保税港区合并为一个自贸试验区——前海蛇口自贸片区。其目的在于充分整合西部港区优势，重点发展现代物流、金融服务、科技服务、信息服务等战略性新兴服务业，强化国际性枢纽港建设。前海蛇口自贸片区的金融、贸易、航运服务等现代服务业拥有国际竞争力，而产业基础及生活配套能够为打造高端服务业提供坚实支撑，共同形成优势互补、产业互助、错位发展的新格局。并且前海蛇口自贸片区具有"合作区＋自贸试验区＋保税港区"的

"三区"叠加功能和政策，具有较大的创新改革自主权，比较优势突出。

第二，分配得当的权力机制。前海蛇口自贸片区具备相对独立的行政执法权力，可以拥有较大空间和义务废除不符合市场规则的制度，对行政审批、海关监管、企业登记等多项制度都进行了大刀阔斧的改革。前海蛇口自贸片区对接国际一流营商环境，探索建立适和片区经济社会发展需求的、与国际投资和贸易通行规则连接的基本制度体系和监管模式，有效提升了投资和贸易的便利化程度。重点聚焦突破金融制度创新存在的"瓶颈"体制机制，大力建设金融业对外开放试验示范窗口。

第三，一体化的管理体制。前海蛇口自贸片区成立管委会后，前海区块与蛇口区块的经济管理职能统一由管委会行使，有效统筹与整合两大区块的发展。管委会在开展机制体制改创之前根据片区发展定位的需要，争取更多的中央授权，为自贸片区制定更为灵活高效的法律和政策体系提供了根本的立法遵循和指针。在改革创新探索中，管委会引入第三方的独立评估机制，对片区相关法律政策实施的绩效进行了及时、客观、科学的评估，为片区及时总结改革经验，克服政策的制度性失灵提供了保障性条件。近几年来，前海蛇口自贸片区在实践中不断探索，厘清机构之间的关系及自贸片区各管理机构的职权职责，积极完善投资改革自主权、准入前国民待遇加负面清单制度、港澳投资者待遇、投资促进保障机制、境外投资者鼓励措施机制、投资收益保护机制、投资风险防控应急机制等法律保障机制，努力形成公正透明的投资环境。

第四，积极的人才激励保障机制。前海蛇口自贸片区设立中国（广东）自由贸易试验区创新创业团队外籍成员和自贸区企业选聘的外籍技术人才积分评估机制，凡积分达到标准的外籍人员可发起永久居留申请，经审核达标后，可申请办理外国人永久居留证。另外，前海蛇口自贸片区联合有关部门深化人才管理改革试点，出台支持港澳青年在前海发展的优惠政策，率先落地港澳居民在区内工作免办《台港澳人员就业证》，给予港澳居民享受住房公积金及个人住房贷款权利。

四川省相关自贸区与深圳市前海蛇口自贸片区在全面创新体制机制方面的对标见表6-3。

表6-3　四川省相关自贸区与深圳市前海蛇口自贸片区全面创新体制机制对标

对标内容	成都天府新区片区 成都青白江铁路港片区 川南临港片区	前海蛇口自贸片区
自贸区亮点	三大片区实现错位发展优势互补 大通道大口岸综合物流将联通世界 含金量高，涉159项重点改革试点任务	"合作区＋自贸试验区＋保税港区"三区叠加
权力机制	—	拥有相对独立的行政执法权力 拥有改革行政审批制度、海关监管制度、企业登记制度、金融制度创新等权限
管理体制	优化营商环境专项行动计划改革试点，推进国际贸易"单一窗口"改革	前海蛇口自贸片区管委会统一行使职能 引入第三方的独立评估机制 明确自贸片区各管理机构的职权职责
人才激励保障机制	四川人才新政	外籍技术人才积分评估机制 人才管理改革试点 人才引进优惠政策

四、对标上海，创新发展社会治理机制

上海在创新社会治理方面积累了丰富经验，建立了党建引领、政府带动、精准服务、共建共享的智能化社会治理机制。

第一，改善街镇体制。在社会治理方面，上海市尤其强调基层治理立法和社区工作者队伍建设。例如，2016年9月至2017年4月，上海市人大陆续审议通过了《上海市街道办事处条例》《上海市实施〈中华人民共和国村民委员会组织法〉办法》《上海市居民委员会工作条例》等三部有关社会治理的重要法律法规。在社区工作者队伍建设方面，上海市建立了全新的社区工作者职业形态，定期针对培育社区工作者能力开展教育培训，形成了满足市级骨干培训、区级多元化培训、街镇全员轮训的三级培训网络，从各方面提升社区工作者的能力和素质。

第二，创新党建引领机制。党员社区民警参与社区党建是独具上海特色的党建引领机制。上海市党员社区民警在参与基层党组织建设时，初次参与采取上级党组织任命的方式，任期届满后继续留任则采取选举方式。此外，党员社区民警以兼任村居党组织副书记的形式开展，主要协助书记分管地区治安安全防范、社会矛盾化解等工作，拥有参与权、讨论权、表决权和监督权等权力，不参与村集体分红、集体土地分配及领取经济补贴。

第三，建立矛盾纠纷多元化解机制。上海市大力发挥人民群众调解的积极作用，通过派驻接待、前置调解等方式，将矛盾纠纷化解在第一线。此外，上海市积极推进基层法律服务，搭建线上公共法律服务平台和社区信息共享中心，切实提升基层社会治理法治化水平。另外，为建设多元参与的基层自治共治机制，上海市制定了《关于本市城乡社区协商的实施意见》《关于推进居民区联席会议制度规范化建设的指导意见》《关于完善街道社区代表会议制度推进社区共治的实施办法》等重要政策，不断强化民主协商，规范基层社区代表会议和社区委员会，完善优化提议、协议、评议共治程序。

第四，构建社会智能化管理机制。上海市采用"网络＋基层工作"的方式，在区级层面普遍建立信息管理服务系统，在街道和社区设立网络终端，建立实时大数据库，整合信息资源，实现各级信息互联互通。此外，上海市在区和街道层面上也积极探索社会治理智能化。为满足主导部门、底层技术和诉求目标等不同需求，上海市形成了不同导向的实践形态。

四川省与上海市在创新发展社会治理机制方面的对标见表6-4。

表6-4　四川省与上海市创新发展社会治理机制对标

相关政策	四川省	上海市
改革行政机制	—	改善街镇体制、基层治理立法，创新社区工作者队伍招引机制和绩效激励机制
完善党建机制	构建以党组织为核心的新型城乡社区治理体系，建立微腐案件"一案双查"巡察制度	创新党建引领机制，建立党员社区民警参与社区党建机制
建立矛盾纠纷多元化解机制	单独派驻和综合派驻相结合，建立"和合智解"平台、创建"人民调解员培训学校"和智慧庭审App	派驻接待，前置调解，推进基层法律服务，搭建线上公共法律服务平台和社区信息共享中心，完善基层治理规章制度
构建社会智能化管理机制	创新网格化管理机制，建立四级网格化服务管理中心，推行"互联网＋警网红"模式	平安管控，精细化管理，促进社会互动和提升公共服务等不同导向的"互联网＋"社会智能化治理实践形态

第二节　四川省营商环境建设的实践

到 2020 年，四川省不断优化完善营商环境法制体系，建设竞争中性市场环境，促进政策执行透明公开，政务服务便捷高效，提升营商环境各项指标，降低企业制度性交易成本，刺激市场活力和社会创造力，全省"放管服"改革取得阶段性成效，使营商环境明显改善，保障全省高质量发展。"十四五"时期，四川将始终把高水平对外开放作为重大政治责任，坚定推进优化区域空间结构，构建产业生态圈创新生态链，推进国际化营商环境综合改革，持续改善生态环境质量，推动中央各项改革举措落地生根、取得实绩，经济社会发展较之前有了明显的提升。

一、加快构建公平正义的法治环境

第一，完善地方法规规章体系。一是组织制定四川省优化营商环境条例等地方性法规。四川省组织制定了四川省优化营商环境条例、四川省企业和企业经营者权益保护条例、四川省品牌质量促进条例、四川省社会信用条例等地方性法规。二是修订四川省行政执法监督条例，规范执法监督程序，强化执法监督力度。包括成都、绵阳等在内的四川多个市州出台了相关文件或行动方案，对政府、企业等多个主体，以及相关制度安排、体系建设作出规范性指导。比如，绵阳市先后出台了《绵阳市进一步优化营商环境工作方案》《绵阳市进一步优化营商环境任务清单》等政策文件，《法治化营商环境建设行动方案》提出将在全市范围内不断开展完善营商环境法制体系建设、推进政务服务法治化、规范涉企行政执法行为、强化营商环境司法保障、完善涉企公共法律服务体系、营造营商环境法治氛围专项行动。三是全面清理相关地方法规规章，及时提出修改和废止建议。成都以新出台的《成都市全面深化国际化营商环境建设实施方案》和《营商环境条例》，拉开了成都市营商环境建设的序幕。

第二，提升政府决策科学化和法治化水平。一是严格执行法定程序，采取多样化的方法与有代表性的企业、行业协会商会、律师协会交流沟通。二是优化全省政府系统法治教育培训。从营商环境评价意义、中国与世界银行指标对比、中国营商环境测评体系解读等方面，全面对各指标进行解读培训，并结合四川省营商环境测评情况逐一分析，为进一步优化营商环境工作提供理念性、方向性的指引，进一步增强干部争先进、比服务的意识，为优化营商环境工作凝聚共识、积聚力量。

第三，依法保护企业和企业经营者合法权益。一是建立合理的补偿机制，对因政府规划调整、政策变化造成权益受损的企业给予一定补偿。四川聚焦发挥国资国企示范带动作用，推进国资经营评价制度改革，完善工作机制，使国资国企不断转型，加快向产业化、专业化、市场化、全球化方向发展。二是进一步拓宽纠纷化解途径。四川省通过建立企业维权服务平台、支持和鼓励行业协会商会依法设立纠纷专业调解机构等方式，提高企业纠纷化解效率。三是不断完善市场主体救治和退出机制，降低破产案件办理成本。四川省准确识别破产企业，优化破产启动程序，缩短案件审理周期，发挥破产审判在服务地方经济、助力营商环境优化、防范化解重大风险等方面职能，遵循市场化、法治化原则，打造良好法治环境，助力经济高质量发展。

第四，绝对重视知识产权保护。一是开展查处商标、专利等侵权假冒违法行为专项整治行动。四川省知识产权公共服务平台和中国（四川）知识产权保护中心集成整合知识产权服务事项，为创新主体提供"全链条、全领域、一站式"的知识产权服务。二是探索建立惩罚性赔偿制度，充分发挥司法保护的主导作用，显著提高侵权行为违法成本。三是明确提出既有科技成果可申请变更知识产权所有人。对于既有职务科技成果、正在申请中的职务科技成果、新产生的职务科技成果的知识产权，分门别类，采取不同的分割确权方法，并明确实施转化和收益分配的方式。

二、着力营造竞争中性的市场环境

第一，逐步降低市场准入门槛。一是落实好外商投资准入前国民待遇加负面清单管理制度，统筹推进"证照分离"和"多证合一"改革。四川坚持公平、公正、公开、透明的原则，强化竞争政策的基础性地位，提高市场准入开放度，将竞争机制与工程建设相融合。二是全面落实国家市场准入负面清单。

四川全面清理取消清单外针对外资设置的准入限制，落实以在线备案为主的外商投资管理制度。三是有序推进政府和社会资本合作。在医疗、养老、教育等领域制定推进方案，鼓励社会资本进入。在运输、水利、环境等领域开展混合所有制改革。在环保、能源、社会事业等领域采取项目推介的方式，引导民间资本积极参与。

第二，促进市场公平竞争。一是开展招投标专项整治，破除企业之间的各种门槛，设立公共资源共享平台，推进公共资源交易线上化、透明化和便捷化。二是全面公开政府采购项目信息，在政府采购领域大力推行"政采贷"。试点推进包括主要采购项目、采购内容及需求概况、预算金额、预计采购时间等在内的采购意向公开，完善公平竞争审查制度，对涉及市场主体的政府采购建立公平竞争审查制度，提高采购透明度。三是加强反垄断执法和垄断行业监管，开展不正当竞争行为专项治理。全省工商、市场监管部门一方面通过社会广泛宣传和对公用企业"点对点"宣传《反垄断法》《反不正当竞争法》《消费者权益保护法》等法律法规；另一方面指导和督促公用企业进行自查自纠，要求其书面反馈自查结果，营造出良好的执法氛围。

第三，深化企业登记便利化改革。一是简化不必要的流程，确保企业快速进入和退出市场。四川开办"一窗通"平台服务功能，实行"登录一个平台、填报一次信息、后台实时流转、即时回馈信息"。二是搭建企业注销网上服务专区。四川省已在成都市和川南临港片区深化简易注销试点，拓展登记适用范围，简易注销登记公告时间大幅缩短。三是充分利用自贸试验区，先行先试。四川自贸试验区首创海关"互联网＋企业注册"服务，实施关检联合查验区"一次查验"模式，全面启动155项改革试验任务，形成"中欧班列多式联运一单制"等166个改革实践案例。

第四，加强和完善事中事后监管。一是加强社会信用体系建设，重点领域实施联合惩戒。四川依托国家"互联网＋监管"系统，集合多方平台数据，加强监管信息归集共享，加强社会信用体系建设。二是将抽查比例、被抽查概率与抽查对象的信用等级、风险程度相关联，对风险较高的对象重点抽查，并在国家"互联网＋监管"系统等权威系统公示抽查结果。三是制定四川省新兴行业分类指导目录和监管规则。分门别类地对服务企业发展制订全国统一、简明易行的监管规则和标准，明确市场主体的产品标准、技术标准、管理标准和安全标准。

第五，大力降低企业运营成本。一是全面落实国家减税政策。四川全面推进落实下调增值税税率，阶段性降低企业社保缴费率。二是推进电子税务局建设。当前，四川 90% 以上的主要办税事项已实现全程网办，税务"最多跑一次"事项范围也在持续扩大。此外，四川加快收费清单"一张网"建设，严格执行省定涉企行政事业性收费"零收费"政策，行政事业性收费透明公开，强化行业协会商会收费监管。最后，四川推行出口退（免）税无纸化申报，取消实际经营额不超过定额的定额个体工商户年度汇总申报，将小微企业财务报表由按月报送改为按季报送，推行新办纳税人"套餐式"服务，一次办结多个涉税事项。三是进一步推行电力体制改革。2019 年，四川省超额完成"一般工商业电价再降 10%"要求，一般工商业电价降幅达 11.73%，一般工商业用户电费支出减少超 36.4 亿元，大力支持实体经济，进一步释放改革红利。

三、全力打造便捷高效的政务环境

第一，持续推进"一网通办"。四川省以一体化政务服务平台为枢纽，以统一身份认证体系为基础，加快建设全省统一的电子证照库，实现全省政务服务办理系统联通。除部分特殊事项外，其余服务事项一律进行网上申办，进入一体化平台。同时，四川省在全省范围内分批次整合规范各级政府和单位的政务服务移动端，优化政务服务办理的事后评价功能，塑造四川政务移动服务品牌。

第二，全面推行"只进一扇门"。四川省全面实行"一窗分类办理"，加快推进高频事项全域通办和就近可办；全面推动线上全程电子化登记、线下窗口登记"双轨融合"，实行工商登记"审核合一、一人通办"；推动一批高频事项向乡镇（街道）、村（社区）下沉。压缩已领取加载统一社会信用代码营业执照的企业多余程序，减少发票申领和参保登记时间。协同推进企业简易注销登记改革，税务部门放宽异议时间和异议条件，简化程序压缩清税手续办理时限。

第三，持续深化"最多跑一次"改革。"最多跑一次"的难点在于无差别受理、同标准办理，对此四川省持续加大政务服务事项标准化建设力度，着力消除政务服务过程中的模糊条款和兜底条款。同时，四川省持续开展减证便民行动，进一步缩短政务服务事项审批承诺时限，大幅精简办事申请材料，逐步按批次推出"零材料提交"服务。

第四，持续优化口岸营商环境。一是推行提前申报和一体化通关模式，实行成都空港口岸"7×24"小时通关服务保障。二是完善四川国际贸易"单一窗口"服务功能。四川在严格落实原产地证审核、办理时限要求的基础上，简化出口原产地证办理流程。除部分特殊情况外，监管证件全部实现联网核查。三是全面实施审单放行制度。四川深化大通关一体化改革，推进口岸查验单位跨部门一次性联合检查工作，实施"一次申报、分步处置"通关模式，提高系统自动审核放行比率。四川先行开放中国（四川）自由贸易试验区内专用车和新能源汽车制造、船舶设计、铁路旅客运输、医疗机构的股比限制，扩大开放加油站、互联网上网服务营业场所及银行业、证券业、保险业。

第三节　四川省加强营商环境建设的建议

当前，世界正处于百年未有之大变局，国内国外形势错综复杂，要坚定习近平新时代中国特色社会主义思想，以满足人民美好生活的需要为目的，贯彻落实《中共四川省委关于深入学习贯彻习近平总书记对四川工作系列重要指示精神的决定》和《中共四川省委关于全面推动高质量发展的决定》，把握国内发展特征，统筹谋划，推动资源要素交换，加强国际化营商环境建设，有效提升对外开放水平。

第一，明确建设目标，争创全国一流。从可行性来看，无论是从国家对中西部地区经济发展的重视程度和政策倾斜力度，还是从中西部地区自身发展空间、制定政策的灵活度来看，四川都有可能建设一流的营商环境。营商环境评价指标的可量化、先进地区相关建设经验，也为本省营商环境建设提供了参考。建议分期分步骤完成阶段性目标，确保在三年内，部分领域的短板弱项明显改善，营商环境整体达到中西部先进标准；五年内，各领域营商环境便利度明显提升，实现国内一流营商环境建设目标。

第二，统一思想认识，达成行动共识，确立"各级党委亲自抓区域优化，区域发展与国家战略相融合，整体高质提升与跨区均衡发展相协同"的原则，为全省规划定位和经济发展定下基调。加强组织领导，确保落地落实。建议由常务副省长牵头，成立优化提升营商环境工作领导小组，制定改善营商环境专项行动计划，确定各项具体行动责任分工，细化分解任务，明确时间节点，推动做好政策措施落实工作。结合全省改革实际情况，开展市县营商环境监测评价工作，并在此基础上对接国家营商环境评价指标，探索建立全省营商环境评价机制，并将评价结果与各部门职责对接，找出各部门工作的不足与发力点，针对性开展深化优化营商环境工作。建立评估监督机制，通过检查、督查、评估等多种方式，推动和督促各项改革任务落地落实。

第三，强化规划引领，明确指标评价体系和监督体系。建设以政府担保为主的融资担保体系，搭建银企融资对接平台，构建大数据平台，推进中小微企业征信体系建设，降低小微企业获得信贷的难度和成本。完善产权保护制度，优化公司治理结构，完善产权纠纷多元化解机制，保护少数投资者权益。降低企业税费负担，优化涉企收费机制，深化"便民办税春风行动"，优化企业纳税服务。强化合同执行力，建立健全快速通道程序处理小额纠纷案件机制，完善法院案件电子平台，提高司法程序质量。

第四，坚持改革开放，大力实施协同发展战略。一是构建开放型经济体制机制，提高中心城市对国际资源要素的集聚和配置能力，强化城市之间、城乡之间的统筹布局。二是主动融入"一带一路"建设，发挥本地独特优势，优化"一干多支，五区协同"一体化布局，引导各类人才、资金、资源向经济发展潜力地区聚集，提高成都对周边经济圈的技术、人才和资金辐射作用。三是完善四川省内外资企业生命周期、全生态系统的企业生产生活服务体系。四是进一步探索和挖掘四川省在乡村振兴战略中的区域性示范作用，持续建设特色小镇、田园综合体和美丽宜居乡村。

第七章 DIQIZHANG

四川与东盟的贸易和投资机会分析

第一节　东盟经济发展分析

一、东盟经济发展现状

近年来，东盟依托我国经济发展大势，依靠巨大的人口红利优势，快速融入世界经济发展大局，经济发展快速推进。但内部发展程度不一，贫富差距拉大。

（一）国内生产总值

整体来说，2012 年以来东盟经济发展呈稳定增长的趋势，2018 年以后经济增速逐步放缓，2019 年整体经济增速在 4.6%，相较前面几年有所下降（见表 7-1）。从总量来看，除文莱出现负增长外，各国 GDP 都在逐年增长，其中东盟初始成员国（包括文莱、印度尼西亚、马来西亚、菲律宾、新加坡和泰国）GDP 占东盟 GDP 比重稳定在 88% 左右，是东盟经济的主要贡献国（见表 7-2、7-3）。从 GDP 增速来看，东盟六国 GDP 增速自 2009 年开始呈现出先快速增加后逐渐放缓的趋势，2009-2019 年，CLMV（柬埔寨、老挝、缅甸、越南）增速保持在 6% 以上（见表 7-4）。从人均 GDP 来看，东盟内部差异相对较大，分化较为明显（见表 7-5）。

表 7－1　东盟基础数据①

指标	2012	2013	2014	2015	2016	2017	2018	2019
按现行价格计算的国内生产总值（十亿美元）	2383	2495	2524	2447	2597	2805	2997	3166
GDP 增长率（%）	6.2	5.2	4.7	4.8	4.9	5.4	5.2	4.6
按现行价格计算的人均国内生产总值（美元）	3934	4076	4071	3901	4086	4364	4611	4819
国际商品贸易总额（十亿美元）	2472.3	2533	2535	2272.9	2238.6	2574.3	2816.7	2815.2
外贸依存度（%）	103.73	101.54	100.46	92.88	86.20	91.76	93.99	88.91
出口总额（十亿美元）	1253.1	1278	1294	1171.7	1152.7	1322.2	1432.3	1423.1
进口总额（十亿美元）	1219.2	1255	1241	1101.2	1085.9	1252.1	1384.4	1392.1
外国直接投资额（十亿美元）	117	120	133	121.7	122.6	135.6	154.7	160.6
游客数量（十亿人）	89	102	105	108.9	115.6	125.7	135.3	143.5

表 7－2　2009—2014 年东盟各国 GDP 总量（百万美元）②

国家/组织	2009	2010	2011	2012	2013	2014
文莱	10815.4	13741.1	18534.2	19050.0	18100.0	17103.0
柬埔寨	10353.7	11229.3	12804.0	14011.0	15443.0	16764.0
印度尼西亚	545854.5	710068.3	846522.6	874639.0	904692.0	889385.0
老挝	5594.9	6752.0	8060.6	10192.0	11955.0	13274.0
马来西亚	202627.4	250772.9	298141.8	314895.0	322159.0	337456.0
缅甸	26961.5	41003.6	56502.0	60282.0	61863.0	66331.0
菲律宾	168643.9	199975.9	224155.5	250458.0	268800.0	297832.0
新加坡	192408.4	236421.8	275944.6	295084.0	307578.0	314850.0
泰国	282052.2	341519.1	370932.4	397763.0	420617.0	407304.0
越南	106018.3	116299.9	135541.1	155820.0	171219.0	186224.0

① 数据来源：东盟官网。
② 数据来源：世界银行网站。

续表7—2

国家/组织	2009	2010	2011	2012	2013	2014
东盟	1551330.2	1927783.9	2247138.8	2392194.0	2502426.0	2546523.0
AFTA（文莱、印度尼西亚、马来西亚、菲律宾、新加坡、泰国）	1402401.8	1752499.1	2034231.1	2151889.0	2241946.0	2263930.0
AFTA 的 GDP 占比	90.39%	90.91%	90.53%	89.95%	89.59%	88.90%
CLMV（柬埔寨、老挝、缅甸、越南）	148928.4	175284.8	212907.7	240305.0	260480.0	282593.0

表7—3 2015—2019年东盟各国GDP总量（百万美元）①

国家/组织	2015	2016	2017	2018	2019
文莱	12943	11448	12136	13568	13483
柬埔寨	18091	19427	22042	24609	27102
印度尼西亚	855020	930836	1014003	1039929	1121298
老挝	14420	15893	16953	18096	18844
马来西亚	299484	298681	321693	358546	364403
缅甸	59795	64632	67268	76330	66500
菲律宾	306213	318375	328782	344893	377116
新加坡	308002	318654	341913	373134	372063
泰国	401658	413454	456819	506554	543958
越南	193628	205439	223837	241039	261587
东盟	2469254	2596839	2805446	2996698	3166354
AFTA（文莱、印度尼西亚、马来西亚、菲律宾、新加坡、泰国）	2183320	2291448	2475346	2636624	2792321

---

① 数据来源：世界银行网站

续表7-3

国家/组织	2015	2016	2017	2018	2019
AFTA 的 GDP 占比	88.42%	88.24%	88.23%	87.98%	88.19%
CLMV（柬埔寨、老挝、缅甸、越南）	285934	305391	330100	360074	374033

表 7-4　东盟各国 GDP 增长率（%）①

国家/组织	2009	2010	2011	2012	2013	2014	2015	2016	2017	2018	2019
文莱	−1.8	2.6	3.7	0.9	−2.1	−2.5	−0.4	−2.5	1.3	0.1	3.9
柬埔寨	0.1	6.0	7.1	7.3	7.5	7.1	7.0	6.9	7.0	7.5	7.1
印度尼西亚	4.6	6.2	6.5	6.3	5.6	5.0	4.9	5.0	5.1	5.2	5.0
老挝	7.5	8.1	8.0	7.9	8.0	7.6	7.3	7.0	6.9	6.3	6.4
马来西亚	−1.5	7.4	5.3	5.5	4.7	6.0	5.0	4.4	5.8	4.8	4.3
缅甸	10.5	9.6	5.6	7.3	8.4	8.0	7.0	5.9	6.8	6.8	6.2
菲律宾	1.1	7.6	3.7	6.7	7.1	6.3	6.3	7.1	6.9	6.3	6.0
新加坡	−0.6	15.2	6.2	4.1	5.1	3.9	2.2	3.2	4.3	3.4	0.7
泰国	−0.7	7.5	0.8	7.2	2.7	1.0	3.1	3.4	4.1	4.2	2.4
越南	5.4	6.4	6.2	5.2	5.4	6.0	6.7	6.2	6.8	7.1	7.0
东盟	2.5	7.5	5.0	6.2	5.2	4.7	4.8	4.9	5.4	5.2	4.6
AFTA（文莱、印度尼西亚、马来西亚、菲律宾、新加坡、泰国）	1.9	7.5	4.9	6.2	5.0	4.4	4.5	4.7	5.2	4.9	4.3
CLMV（柬埔寨、老挝、缅甸、越南）	6.7	7.4	6.2	6.1	6.6	6.7	6.8	6.2	6.8	7.0	6.8

---

① 根据世界银行网站相关数据及表 7-2、7-3 中的数据计算得出。

表7-5 东盟各国人均GDP（美元）

国家/组织	2009	2010	2011	2012	2013	2014	2015	2016	2017	2018	2019
文莱	28 454.0	35 525.2	47 116.2	47 647.8	44 560.5	41 521.3	31 385.0	27 435.5	28 256.0	30 668.4	29 343.3
柬埔寨	749.6	800.8	900.0	950.4	1 052.2	1 122.6	1 190.9	1 257.1	1 402.4	1 539.8	1 663.8
印度尼西亚	2 359.2	2 977.0	3 498.2	3 563.8	3 636.0	3 527.0	3 347.0	3 598.1	3 871.9	3 924.0	4 182.8
老挝	913.0	1 079.3	1 262.4	1 564.6	1 799.4	1 949.5	2 161.4	2 341.7	2 456.6	2 580.3	2 645.4
马来西亚	7 215.7	8 771.8	10 258.8	10 670.8	10 662.7	10 989.0	9 603.1	9 441.9	10 045.8	11 072.2	11 184.4
缅甸	538.0	811.4	1 126.7	1 189.8	1 208.6	1 275.8	1 140.0	1 221.4	1 260.0	1 423.4	1 229.2
菲律宾	1 828.6	2 147.2	2 363.9	2 595.1	2 737.4	2 981.9	3 015.0	3 083.7	3 133.6	3 235.4	3 483.0
新加坡	38 577.3	46 570.0	53 233.1	55 546.2	56 967.3	57 562.5	55 646.2	56 828.4	60 922.1	66 173.8	65 232.9
泰国	4 215.8	5 180.7	5 602.0	5 982.1	6 301.0	6 078.9	5 973.9	6 129.4	6 752.4	7 467.8	8 000.6
越南	1 232.4	1 337.6	1 542.7	1 754.5	1 907.5	2 041.8	2 099.4	2 203.1	2 374.0	2 527.0	2 711.2
东盟	2 674.6	3 270.8	3 768.5	3 958.1	4 088.6	4 103.5	3 932.3	4 086.5	4 364.3	4 610.9	4 818.8
AFTA（文莱、印度尼西亚、马来西亚、菲律宾、新加坡、泰国）	3 308.0	4 060.2	4 647.9	4 850.4	4 984.4	4 968.7	4 732.0	4 906.1	5 238.5	5 517.0	5 780.2
CLMV（柬埔寨、老挝、缅甸、越南）	954.2	1 111.1	1 342.2	1 495.1	1 605.3	1 713.3	1 716.9	1 813.4	1 938.4	2 093.4	2 149.7

（二）通货膨胀水平

通货膨胀水平是判断一个国家或地区经济发展的关键要素，适度的通货膨胀是刺激经济发展的润滑剂，而较高的通货膨胀率将制约地区经济发展，妨碍经济目标的实现和经济增长，甚至引起社会不稳定。目前东盟国家整体通胀水平在3％左右，通货膨胀水平普遍不高。为提高东盟国家产品出口竞争能力，相对温和的通货膨胀水平能够更好地刺激东盟地区经济发展。2019年，东盟国家中通货膨胀率最高的是缅甸，高达8.83％，最低的是文莱，为−0.39％（见表7−6）。

表7−6 2015—2019年东盟国家通货膨胀率（％）[①]

国家	2015	2016	2017	2018	2019
文莱	−0.49	−0.28	−1.26	1.03	−0.39
柬埔寨	1.221	3.045	2.891	2.458	—
印度尼西亚	6.36	3.53	3.81	3.20	3.03
老挝	1.28	1.60	0.83	2.04	3.32
马来西亚	2.10	2.09	3.87	0.88	0.66
缅甸	9.45	6.93	4.57	6.87	8.83
菲律宾	0.67	1.25	2.85	5.21	2.48
新加坡	−0.52	−0.53	0.58	0.44	0.57
泰国	−0.90	0.19	0.67	1.06	0.71
越南	0.63	2.67	3.52	3.54	2.80

（三）失业率

失业不仅仅是经济问题，还是社会问题。东盟国家中，文莱失业率相对较高，2019年失业率高达9.12％（见表7−7），这与文莱近年来通货紧缩有关，同时由于文莱人口不到50万，远远低于其他国家，且其支柱性产业为石油和

[①] 数据来源：世界银行网站。

天然气开采，高度依赖油气产业，经济结构单一，其工业和农业多年来发展情况一直不理想，导致经济紧缩，失业率居高不下。

表 7-7　2015—2019 年东盟国家失业率（%）①

国家	2015	2016	2017	2018	2019
文莱	7.76	8.56	9.32	8.86	9.12
柬埔寨	1.20	1.13	1.06	0.65	0.68
印度尼西亚	4.51	4.30	4.18	4.51	4.69
老挝	0.68	0.65	0.60	0.64	0.63
马来西亚	3.10	3.44	3.41	3.35	3.32
缅甸	0.77	1.18	1.55	1.49	1.58
菲律宾	3.03	2.71	2.55	2.34	2.15
新加坡	3.79	4.08	3.91	4.02	4.11
泰国	0.60	0.69	0.63	0.77	0.75
越南	1.86	1.85	1.89	1.99	2.01

（四）对外贸易

整体来看，2012—2019 年东盟进出口贸易呈现出先减后增的趋势，贸易额由 24723 亿美元到 22729 亿美元再到 28152 亿美元②；东盟进出口总额占 GDP 的比重逐渐下降，由 2012 年的 103.73% 下降到 2019 年的 88.91%；经济对外开放程度依旧相对较高，对外贸易结构优化，高度融入全球一体化（如图7-1所示）。

---

① 数据来源：世界银行网站。
② 数据来源：东盟统计数据库。

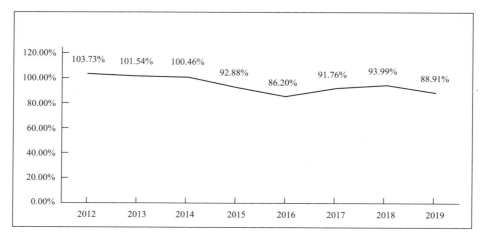

图7—1　2012—2019年东盟外贸依存度

在东盟成员国内部贸易方面，2019年进出口贸易额为6323.98亿美元，占东盟国际贸易总额的22.46%。其中成员国间出口3324.41亿美元，占东盟国际贸易出口总额的23.36%；进口2999.56亿美元，占东盟国际贸易进口总额的21.56%。各成员国内部贸易情况见表7—8。从贸易结构上来看，东盟内部贸易中电机、电气设备及其零件，以及录音机等中低端电器设备和矿产资源在前十位出口产品出口额的占比为57.20%（见表7—9），占前十位进口产品进口额的58.95%（见表7—10），进出口产品多为中低端制造业和自然资源，第三产业占比较小，结构相对单一。

东盟对外贸易以商品贸易为主，其中，东盟主要的外向型贸易产品依旧是农林产品，高端集约化的制造业加强了东盟内部的生产网络（见表7—11、7—12）。东盟服务业贸易出口的主要行业领域包括旅游业、其他商务服务业、运输业、金融服务等；进口的主要行业领域包括运输业，其他商务服务业，旅游业，知识产权使用，电信、计算机和信息服务，养老金和保险服务等。

从表7—13中可看出，中国为东盟最大的贸易合作伙伴。东盟是中国第一大进口来源地和第三大出口市场。在货物贸易领域，东盟自2011年连续八年为中国第三大贸易伙伴，并于2019年超越美国成为中国第二大贸易伙伴，而中国自2009年起连续十一年保持为东盟的第一大贸易伙伴。2019年，中国与东盟国家贸易额达6414.6亿美元（见表7—14）。每年一次的中国—东盟博览会已成为双方多领域、多层次的交流盛会。服务贸易领域，双方贸易保持高速增长。2018 年，中国－东盟服务贸易总额达 1342 亿美元，比上年增长 139%。中国对东盟国家的逆差近 400 亿美元。在境外旅游领域，双方旅游规模不断扩大，目前中国已成为东盟第一大境外游客来源地。

表 7-8　2019 年东盟成员国内部贸易统计①

国家/组织	内部贸易总额		内部贸易－出口		内部贸易－进口	
	金额（亿美元）	占本国进出口总额比重（%）	金额（亿美元）	占本国出口总额比重（%）	金额（亿美元）	占本国进口总额比重（%）
文莱	41.24	33.97	24.87	35.33	16.37	32.09
柬埔寨	89.50	25.88	13.60	9.16	75.90	38.46
印度尼西亚	811.46	24.03	415.94	24.91	395.52	23.17
老挝	70.28	60.55	35.13	60.47	35.15	60.63
马来西亚	1180.95	26.66	685.57	28.79	495.38	24.17
缅甸	123.70	33.82	42.84	23.80	80.86	43.53
菲律宾	414.35	22.00	108.16	15.25	306.19	26.09
新加坡	1904.76	25.40	1120.27	28.67	784.50	21.84
泰国	1117.43	23.12	628.85	25.55	488.58	20.61
越南	570.31	11.01	249.20	9.42	321.11	12.67
东盟	6323.98	22.46	3324.41	23.36	2999.56	21.56

表 7-9　2019 年东盟内部贸易出口前十位产品②

序号	商品类别	出口额（亿美元）
1	电机、电气设备及其零件；录音机及放声机、电视图像、声音的录制和重放设备及其零件、附件	738.17
2	矿物燃料、矿物油及其蒸馏产品；沥青物质；矿物蜡	640.15
3	锅炉、机器、机械器具及其零件	359.46
4	车辆及其零件、附件（铁道及电车道车辆除外）	166.89

---

① 数据引自《对外投资合作国别（地区）指南　东盟（2020 年版）》。
② 数据引自《对外投资合作国别（地区）指南　东盟（2020 年版）》。

序号	商品类别	出口额（亿美元）
5	塑料及其制品	141.30
6	天然或养殖珍珠、宝石或半宝石、贵金属、包贵金属及其制品；仿首饰；硬币	117.49
7	光学、照相、电影、计量、检验、医疗或外科用仪器及设备、精密仪器及设备；上述物品的零件、附件	71.39
8	铁和钢	69.78
9	有机化学品	57.69
10	铁或钢制品	47.15
	合计	2409.47

表 7—10 2019 年东盟内部贸易进口前十位产品①

序号	商品类别	进口额（亿美元）
1	矿物燃料、矿物油及其蒸馏产品；沥青物质；矿物蜡	655.44
2	电机、电气设备及其零件；录音机及放声机、电视图像、声音的录制和重放设备及其零件、附件	651.13
3	锅炉、机器、机械器具及其零件	280.94
4	车辆及其零件、附件（铁道及电车道车辆除外）	171.96
5	塑料及其制品	121.34
6	天然或养殖珍珠、宝石或半宝石、贵金属、包贵金属及其制品；仿首饰；硬币	118.01
7	光学、照相、电影、计量、检验、医疗或外科用仪器及设备、精密仪器及设备；上述物品的零件、附件	62.74
8	铁和钢	58.51
9	有机化学品	55.73
10	化工产品	40.54
	合计	2216.34

---

① 数据引自《对外投资合作国别（地区）指南 东盟（2020 年版）》。

表 7—11　2019 年东盟出口前十位产品①

序号	商品类别	出口额（亿美元）
1	电机、电气设备及其零件；录音机及放声机、电视图像、声音的录制和重放设备及其零件、附件	3792.0
2	核反应堆、锅炉、机器、机械器具及其零件	1504.9
3	矿物燃料、矿物油及其蒸馏产品；沥青物质；矿物蜡	1424.2
4	天然或养殖珍珠、宝石或半宝石、贵金属、包贵金属及其制品；仿首饰；硬币	482.0
5	车辆及其零件、附件（铁道及电车道车辆除外）	473.7
6	塑料及其制品	462.6
7	光学、照相、电影、计量、检验、医疗或外科用仪器及设备、精密仪器及设备；上述物品的零件、附件	441.9
8	橡胶及其制品	358.5
9	动植物油脂及其分解产品；精制的食用油脂；动植物蜡	309.5
10	（非针织或钩织）服装和服饰	299.0
	合计	9548.3

表 7—12　2019 年东盟进口前十位产品②

序号	商品类别	进口额（亿美元）
1	电机、电气设备及其零件；录音机及放声机、电视图像、声音的录制和重放设备及其零件、附件	3261.5
2	矿物燃料、矿物油及其蒸馏产品；沥青物质；矿物蜡	2039.3
3	核反应堆、锅炉、机器、机械器具及其零件	1760.4
4	塑料及其制品	569.7
5	车辆及其零件、附件（铁道及电车道车辆除外）	490.2
6	铁和钢	486.1

① 数据引自《对外投资合作国别（地区）指南　东盟（2020 年版）》。
② 数据引自《对外投资合作国别（地区）指南　东盟（2020 年版）》。

续表7-12

序号	商品类别	进口额（亿美元）
7	光学、照相、电影、计量、检验、医疗或外科用仪器及设备、精密仪器及设备；上述物品的零件、附件	390.9
8	天然或养殖珍珠、宝石或半宝石、贵金属、包贵金属及其制品；仿首饰；硬币	380.6
9	有机化学品	265.5
10	铁或钢制品	245.7
	合计	9889.9

表 7-13 2019 年东盟与主要贸易伙伴贸易额（亿美元）①

出口目标市场	出口额	占东盟出口总额比重（%）	进口来源地	进口额	占东盟进口总额比重（%）
中国大陆	2024.65	14.23	中国大陆	3053.91	21.94
美国	2835.97	12.90	日本	1160.80	8.34
日本	1098.35	7.72	美国	1109.93	7.97
中国香港	921.99	6.48	韩国	971.23	6.98
韩国	593.56	4.17	中国台湾	790.00	5.68
印度	482.51	3.39	德国	334.86	2.41
中国台湾	402.32	2.83	印度	287.98	2.07
澳大利亚	354.35	2.49	阿联酋	271.34	1.95
荷兰	327.47	2.30	澳大利亚	276.49	1.99
德国	301.17	2.12	沙特阿拉伯	247.37	1.78

表 7-14 2015—2019 年中国与东盟贸易情况（亿美元）②

指标	2015	2016	2017	2018	2019
双边贸易额	4721.6	4552.2	5148.2	5878.7	6414.6

---

① 数据引自《对外投资合作国别（地区）指南 东盟（2020 年版）》。
② 数据引自《对外投资合作国别（地区）指南 东盟（2020 年版）》。

指标	2015	2016	2017	2018	2019
双边贸易额同比增长（%）	−1.7	−4.1	13.8	14.1	9.2
中方出口额	2774.9	2559.9	2791.2	3192.4	3594.2
中方出口额同比增长（%）	2	−7.7	9	14.2	12.7
中方进口额	1946.8	1962.2	2357	2686.3	2820.4
中方进口额同比增长（%）	−6.6	−0.9	20.1	13.8	5
贸易差额	828.1	597.7	434.2	506.1	773.8

（五）外国直接投资

东盟地处亚太中心，是当今新兴经济体中经济发展状况相对较好的地区，东盟内部各国所处的阶段不同，有正向发达国家发展的，也有正处于发展阶段的，因此提供了广泛的商业和投资机会，是近年来跨国公司投资的热点地区，一致保持在全球经济体吸引外资规模的前列。东盟接受外国直接投资情况见表7—15。外资流入东盟的国别分布不均衡，接近一半的外资流向新加坡。从表7—16中可见，2019年，除东盟内部之外的前五大主要外资来源地在东盟成员国投资814.10亿美元，占东盟外商投资总额的一半以上。由于英国脱欧，欧盟在东盟外资来源地中的排名有所下降。

中国是东盟重要的外资来源地，中国对东盟的投资方向及金额见表7—17。中国对东盟投资额连续五年超过东盟对华投资额，东盟成为中国重要对外投资目的地之一。

近年来，中国对东盟投资结构有所变化，由低端零售业和服务业转向制造业和高附加值的第三产业。前三大投资部门由原来的房地产、运输和储存、批发零售业转变为制造业、房地产、金融和保险。2012—2019年间，房地产投资额基本每年保持平稳，制造业投资额总量增幅最大，住宿和餐饮服务投资增速最快，金融和保险累计投资额最大。

表 7—15　东盟各国接受外国直接投资金额（百万美元）

国家	2010	2011	2012	2013	2014	2015	2016	2017	2018	2019
文莱	625.39	1 208.30	864.81	725.47	568.18	171.32	−150.44	460.15	517.26	374.62
柬埔寨	782.55	891.75	1 557.13	1 274.90	1 726.53	1 700.97	2 279.67	2 732.15	3 102.57	3 663.03
印度尼西亚	13 770.19	19 241.61	19 137.87	18 443.84	21 810.42	16 642.15	3 920.65	20 579.22	20 563.47	23 943.17
老挝	332.59	466.85	294.38	426.67	913.24	1 079.15	1 075.69	1 695.38	1 358.00	755.52
马来西亚	9 155.88	12 000.89	9 399.97	12 107.09	10 875.31	10 179.99	11 290.27	9 295.79	7 611.26	7 697.98
缅甸	2 248.79	2 058.20	1 354.20	2 620.90	946.22	2 824.48	2 989.48	4 002.43	1 609.78	1 729.86
菲律宾	1 298.00	1 815.94	2 797.01	3 859.79	5 814.57	5 639.16	8 279.55	10 256.44	9 948.60	7 685.34
新加坡	57 460.60	39 886.60	60 101.90	56 670.90	73 284.50	59 702.30	68 820.00	83 618.30	79 723.10	92 078.20
泰国	14 746.67	2 473.69	12 899.04	15 935.96	4 975.46	8 927.58	3 486.18	8 285.17	13 186.33	4 816.64
越南	8 000.00	7 519.00	8 368.00	8 900.00	9 200.08	11 800.00	12 600.00	14 099.98	15 500.00	16 120.00
合计	108 420.66	87 562.82	116 774.31	120 965.52	130 114.52	118 667.09	114 591.06	155 025.01	153 120.37	158 864.36
东盟 FDI 增长率	—	−19.24%	33.36%	3.59%	7.56%	−8.80%	−3.43%	35.29%	−1.23%	3.75%

表 7-16　2015—2019 年东盟外商投资主要来源国家/地区（亿美元）①

国家/地区	2015	2016	2017	2018	2019
东盟内部	208.20	249.90	258.90	243.50	223.60
美国	229.10	156.90	267.80	−234.60	244.60
欧盟	185.50	300.00	172.70	200.40	161.70
日本	129.60	140.40	161.40	233.10	203.60
中国香港	13.10	99.50	60.10	126.00	113.10
中国大陆	65.70	112.70	155.00	122.20	91.10
英国	33.60	64.90	17.00	62.60	50.50
瑞士	19.20	7.40	28.40	7.10	36.10
加拿大	11.80	5.10	5.50	7.70	31.50
澳大利亚	14.10	8.60	7.00	13.30	27.30
韩国	56.10	62.80	46.10	54.40	25.60
中国台湾	25.40	37.70	21.40	19.80	23.40
印度	14.70	2.30	19.90	10.20	20.20

表 7-17　中国对东盟投资金额（百万美元）②

投资方向	2012	2013	2014	2015	2016	2017	2018	2019
农业、林业和渔业	58.75	88.02	51.54	62.22	75.25	238.63	323.35	336.13
采矿和采石	285.05	553.36	1122.41	274.69	110.87	679.57	−196.61	−498.75
制造业	−108.46	1191.20	601.36	741.59	1094.53	1691.76	1451.64	3642.12
电力、天然气、蒸汽和空调供应	6.51	87.67	387.31	554.46	491.46	916.78	324.53	397.17
供水，下水道、废物管理和修复活动	3.01	1.87	−2.79	45.94	16.18	16.92	14.16	89.29

---

① 数据引自《对外投资合作国别（地区）指南　东盟（2020年版）》。
② 数据来源：东盟统计数据库。

续表7—17

投资方向	2012	2013	2014	2015	2016	2017	2018	2019
建筑	267.87	8.65	191.49	72.39	671.12	640.04	816.55	471.66
批发零售业，修理汽车、摩托车	1319.34	780.07	488.52	372.19	1773.05	2823.89	2080.70	273.95
运输和存储	1714.86	−102.38	−164.14	169.79	138.60	84.19	1069.85	−2.14
住宿和餐饮服务	0.11	12.21	23.63	46.80	809.02	−180.09	227.94	124.01
通信	41.84	−1.77	−2.93	3.40	29.05	155.33	1920.79	75.52
金融和保险	523.68	112.72	2195.34	1801.49	3301.47	5193.51	961.11	1646.11
房地产	1906.73	1570.91	2105.45	2006.19	2402.63	3175.71	2773.34	1987.74
科技活动	−0.42	8.82	23.50	12.34	53.14	58.52	80.93	155.13
管理和支持服务	0.17	−2.02	1.41	1.53	7.70	2.79	9.09	9.30
公共管理和国防、社会保障	0.00	0.00	0.00	0.00	0.00	0.00	0.00	0.00
教育	0.00	5.17	0.75	0.49	2.43	6.96	−13.47	−2.31
医保和社会工作	1.36	3.96	4.03	2.19	6.52	18.82	19.59	18.14
文娱	1.62	2.21	−0.80	0.04	13.56	0.94	34.43	3.17
其他服务活动	1472.42	878.15	−290.11	293.15	63.74	−28.88	344.71	169.58
未指定活动	480.76	792.60	75.77	110.89	211.78	0.01	0.00	0.12
总投资额	7975.20	5991.42	6811.74	6571.78	11272.10	15495.40	12236.63	8895.94

自美国次贷危机爆发以来，东盟国家逐渐成为全球经济增长的一大动力，内需强劲，经济增长稳定，在一定程度上抵消了近年来出口增速放缓的态势。但2018年以来，由于全球流动性收紧、贸易局势紧张以及新冠疫情的影响，东盟经济增长的不确定性加剧，贸易和投资均受到上述因素的影响，这也揭示了近几年东盟经济增速放缓的原因。

二、东盟各国产业情况

当前东盟各国产业发展差异相对明显，主要可以分成三类：发达国家（文莱和新加坡）、发展较好的国家（泰国、马来西亚、菲律宾和印度尼西亚）和欠发达国家（老挝、越南、柬埔寨和缅甸）。后两者的区别在于发展较好国家第二产业和第三产业发展状况相对较好，而相对落后的国家第二、三产业还处于初期阶段，有较大发展空间，同时由于资源禀赋不同、分布不均，东盟国家产业发展差异较大。

（一）发达国家产业发展现状

新加坡与文莱虽然步入发达国家行列，但新加坡由于国土面积狭小，产业发展受到一定的限制，服务业是其 GDP 主要构成部分，以批发零售、商业服务与金融保险为主。近年来新加坡通过鼓励出口，推动出口导向型产业发展，制造业发展态势良好，主要包括电子工业、石化工业、精密工程业、生物医药业。[1] 文莱则过度依赖油气产业[2]，尽管人均 GDP 相对较高，但相对单一的产业布局、狭小的国土面积、极少的人口导致其产业发展严重受到限制。近几年，文莱的传统农业受到冲击，因为随着公共服务业和油气的发展，很多农业工作者都弃农转业。尽管文莱政府极力鼓励发展农业和工业，但由于其过度依赖资源开发，工农业发展仍然缓慢。

（二）发展较好国家产业发展现状

由于所处地区气候适宜，日照充足，作物生长周期短，农产品可以多季种植，马来西亚、泰国、印度尼西亚、菲律宾四国的农业产业都是其重要产业。马来西亚的农产品以棕榈油、稻米、茶叶、橡胶、胡椒、可可、烟草等经济作物为主。泰国农业产值占 GDP 比重超过 10%，是世界第一大橡胶生产国和出口国，以及第一大木薯和大米出口国，农产品主要有稻米、甘蔗、木薯、热带

---

[1]　数据来源：《对外投资合作国别（地区）指南　新加坡（2020 年版）》。
[2]　资料来源：《对外投资合作国别（地区）指南　文莱（2020 年版）》。

水果、天然橡胶、玉米。印度尼西亚是一个农业大国，其耕地面积约为8000万公顷，从事农业人口约4200万人，其主要经济作物为棕榈油、橡胶、咖啡、可可。除农业以外，马来西亚的旅游业是其经济产业之一，制造业是其主要动力之一，都在其GDP中占较大比重，产业分布相对均衡。泰国制造业以低端制造业为主，如塑料、纺织、食品加工、玩具、建材等，其旅游资源丰富，旅游业是泰国服务业的支柱产业。在印度尼西亚，农林牧渔业和旅游业都是主要产业，工业化水平相对不高，制造业主要为化工、纺织、钢铁、电子、机械、木材加工等。菲律宾除农业外，第二、三产业以出口导向型的低端制造业和服务业为主，这两项分别占2019年GDP的15.3％和61.4％，制造业主要是食品加工、化工产品、无线电通信设备，服务业主要是劳务输出。①

（三）欠发达国家产业发展现状

越南、老挝、缅甸、柬埔寨工业发展相对滞后。越南经济增长的主要驱动力是加工制造业和市场服务业，加工制造业主要产品有金属、焦炭、精炼石油、印刷品、橡胶和塑料制品、纸和纸制品、床、衣橱、桌椅、硬煤、褐煤、纺织品等，服务业中零售业为其主要构成部分。能源矿产业是老挝的重要产业，2019年占其GDP的16％，其次是旅游业，发展态势良好，近年来陆续和500多家国外旅游公司签订了合作协议，先后开放了15个国际旅游口岸。缅甸主要产业为能源开发、加工制造业、交通通信业和旅游业，其加工制造业主要为劳动密集型产业，如纺织业。缅甸近年来通信业发展态势迅猛，实现了从2G到4G的跳跃式发展。此外，缅甸名胜古迹多，不断吸引外国游客前往，2019年游客数量同比增长22％。柬埔寨经济产业主要为农业、纺织业、建筑业、旅游业。柬埔寨基础设施和技术相对落后，但劳动力充足、市场潜力较大，政府正在竭力改善农业生产和投资环境，同时充分利用外国对其优惠政策和低廉劳动力成本，积极吸引外资投入制农业。②

---

① 资料来源：《对外投资合作国别（地区）指南　马来西亚（2020年版）》《对外投资合作国别（地区）指南　泰国（2020年版）》《对外投资合作国别（地区）指南　印度尼西亚（2020年版）》《对外投资合作国别（地区）指南　菲律宾（2020年版）》。
② 资料来源：《对外投资合作国别（地区）指南　越南（2020年版）》《对外投资合作国别（地区）指南　老挝（2020年版）》《对外投资合作国别（地区）指南　缅甸（2020年版）》《对外投资合作国别（地区）指南　柬埔寨（2020年版）》。

随着中国国内土地价格和劳动力成本的上升，许多企业承受着快速上行的成本压力，而丰富的劳动力资源、低廉的成本以及对外商投资的税收优惠使得国内劳动密集型产业迁往东盟地区，如越南、印度尼西亚、菲律宾、柬埔寨等，它们是承接中国产业转移的理想地点。

第二节　东盟开放发展的新特征

一、促进商品和市场多元化，使区域合作更加紧密

为了有效抵御外部风险，东盟各国政府采取了一系列为吸引外资、促进出口商品及市场多元化的措施。例如，缅甸政府为获取"开放红利"，正在推行零售、电信和金融等领域的外资准入；文莱政府为脱离过度依赖油气资源出口的困境，大力推行经济多元化战略；马来西亚和越南积极与国际多边组织协商，完善本国法律法规，改善营商环境；菲律宾政府致力于降低通货膨胀，并消除基础设施方面的瓶颈；马来西亚、越南和泰国等国积极开拓中国市场等。

二、东盟内部各国继续推进合作

积极落实《东盟一体化倡议第三份工作计划》《东盟互联互通总体规划2025》，不断完善东盟共同体，以共同体建设增强东盟内部的凝聚力。在政治安全、经济、社会人文这三大领域中，经济合作是东盟各国的最大关切，也相对容易推进。东盟成员国纷纷采取应对不利因素、力促经济增长的举措，加大基础设施建设力度，拉动内需，完善经济发展条件，以央行降息刺激经济增长，积极推进智慧城市建设、发展数字经济。

三、东盟继续加强对外合作，争取经济支持

东盟继续坚持在区域合作中发挥中心作用。2019 年，东盟在与中国积极发展经济合作的同时，也与其他有关国家（地区）分别达成了合作共识，促进经贸投资关系，例如：与韩国召开了领导人会议；与澳大利亚通过了《行动计划（2020—2024）》；与日本通过了《关于互联互通的联合声明》；与欧盟商议将双方关系提升为战略伙伴关系；与印度继续促进海洋合作和蓝海经济、信息技术等领域的合作；与美国加强贸易、投资、海上合作，合作支持中小企业发展，增强智慧城市建设、能源、教育、民间交流以及大湄公河次区域等的合作。以优惠政策积极吸引投资，实施国际贸易多元化，促成 RCEP 谈判，新加坡、越南先后与欧盟签署自贸协定，新加坡与欧亚经济联盟、印尼与韩国先后签署自贸协定。近年来，东盟提出了"东盟印太展望"，计划将东盟构建为连接太平洋和印度洋的合作桥梁。

四、营商环境持续改善

根据世界银行发布的《2020 年营商环境报告》显示，东盟多数国家营商环境排名相对靠后，新加坡、马来西亚、泰国排名靠前，分别排第 2、12、21位。近年来东盟国家相继推出优化营商环境的相关举措，如放宽市场准入、完善企业投资法律法规、建设廉洁政府、开展税制改革、保护少数投资者权益、简化行政手续、简化入境许可程序、推进基础设施建设等。东盟各国，尤其是排名靠后的越南、菲律宾、缅甸等国，正在进一步放开国内市场，提高企业管理质量，提高行政效率，优化税制结构，减轻企业税收负担，提高营商便利度，改善营商环境。

第三节　东盟与四川贸易和投资机会分析

从地理位置来说，我国西南地区与东盟国家具有天然的相邻优势，近年

来，随着东盟与四川进出口贸易的不断深化，东盟与四川互相成为彼此重要的贸易合作伙伴。RCEP协定的签订和完善，为四川与东盟双边贸易发展带来了历史性的新机遇。因此，深度了解当前四川与东盟双边贸易发展的现实情况，有利于四川紧抓机遇、探索出与东盟更为有效的发展路径。

一、四川－东盟经贸投资现状

（一）四川－东盟双边贸易规模偏小

四川与东盟的双边贸易规模偏小，但互为彼此重要的贸易伙伴。2020年，四川对东盟的进出口情况见表7－18。第一，单独从四川与东盟的双边贸易情况来看，双边贸易的依存度较低，其中进出口贸易依存度仅为3.2%，进口贸易依存度仅为0.8%，出口贸易度仅为2.4%。第二，与四川－美国的双边贸易规模相比，四川－东盟的双边贸易规模还有进步空间。2020年，美国是四川的第一大贸易伙伴，全年四川对东盟的进出口总额、进口额、出口额分别占四川对美国的91.2%、49.3%和129.3%，可以发现，在进口方面差距非常显著。第三，从四川对外贸易规模的视角来分析，四川－东盟双边贸易规模的比重较小。2020年，四川与欧盟、美国、东盟进出口分别占比20.3%、21.3%、19.4%，均为20%左右，呈"三足鼎立"格局。其中，四川对东盟的进口额和出口额在四川对外贸易中的占比较低，分别为25%和11.8%。第四，与中国对东盟的双边贸易规模相比，四川对东盟的双边贸易规模仅占很小一部分。从表7－18中可以看出，四川对东盟的进出口总额、进口额、出口额分别占中国－东盟双边贸易相关总额的3.3%、1.9%和4.4%，占比较低。

表7－18　2020年四川对东盟的进出口情况①

项目	进出口	进口	出口
总额（亿元）	1568	404.4	1163.7
同比增长（%）	16.8	52.9	7.9

---

① 根据四川统计公报数据整理。

续表7-18

项目	进出口	进口	出口
依存度（％）	3.2	0.8	2.4
占四川对外贸易的比重（％）	19.4	11.8	25
占四川-美国双边贸易的比重（％）	91.2	49.3	129.3
占中国-东盟双边贸易的比重（％）	3.3	1.9	4.4

（二）四川-东盟双边贸易增长速度趋缓

2008 年金融危机以前，四川与东盟的双边贸易长期处在稳定增长水平，尤其是 2007 和 2008 年，更是出现了大幅增长，其中进出口额分别增长 65.3％和 104.4％，四川对东盟进口分别增长 81.9％和 41.5％，出口分别增长 59.9％和 127.5％。但在金融危机后，四川与东盟的双边贸易规模明显受到影响，在 2009 年出现大幅缩减，贸易总额增速下降为 12.6％，出口增速骤减为－16.8％。随后，四川-东盟双边贸易重新实现较快增长。由数据分析可知，四川-东盟双边贸易总额增长率在 2010 年和 2011 年分别为 28.8％和 21.2％，其中，四川对东盟的进口分别增长 63.8％和 56.8％，但四川对东盟的出口仅增长 18.8％和 12.5％，还有进步空间。在 2012 年，四川-东盟双边贸易实现大发展，增长率高达 119.7％。但自 2013 年以来，双边贸易大幅度回落，到 2015 年，双边贸易增速下降为－29.66％，2016 年，双边贸易持续回落，其中 2016 年，四川对东盟的出口增长下降为－27.2％。在"一带一路"的持续推进和 RCEP 的积极谈判下，四川与东盟的双边贸易在 2017 年实现增长，增速为 19.5％。2018 年，中国（四川）-东盟自由贸易合作中心成立，四川-东盟双边贸易呈现出持续增长但增速缓慢的特点，尤其是四川对东盟的出口。

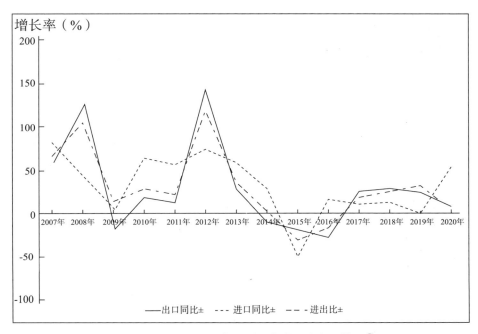

图 7-2　2007—2020 年四川-东盟双边贸易情况①

（三）四川对东盟的贸易竞争力较弱

贸易竞争力指数（TC）的大小能直接反映一国或一地区贸易发展水平的高低。2020 年，四川对东盟的 TC 指数为 0.48，表明四川对东盟的贸易竞争力较弱，四川对东盟的出口仅略大于四川对东盟的进口，四川对东盟的贸易竞争力急需提升。

（四）四川-东盟双边贸易对四川经济增长贡献有限

通过计算表明，2020 年四川与东盟双边贸易对四川 GDP 的贡献率和拉动度分别为-2.73%和-0.11%，表明四川与东盟的双边贸易几乎没有对四川经济增长起到促进作用，双边贸易发展急需寻求新的发展机遇，以提升其在四川经济增长、对外贸易以及中国-东盟双边贸易中的地位和作用。

二、四川-东盟双边贸易发展的机遇与优势

(一)提升四川-东盟双边区位优势

东南亚国家与我国西南地区陆地相接。从四川到东盟地区,无须绕行南海,可从西南地区直接进入,可以说,四川是连接中国西部与东盟的纽带和桥梁。尤其在中国-东盟自贸区建立和 RCEP 协定签署以来,四川与东盟的特殊区位关系越发明显:一方面,在 RCEP 背景下,东盟作为距离四川最近的国际大市场必将在一系列有利贸易政策的推动下,成为四川的优先贸易对象;另一方面,作为中国西南部与东盟之间重要纽带和桥梁的四川,也一定会成为东盟各国重点关注的贸易伙伴。由此,四川与东盟的双边区位优势得到显著提升。

(二)扩大四川-东盟双边贸易市场

RCEP 的签署标志着世界上人口数量最多、成员结构最多元、发展潜力最大的自由贸易区正式建成。数据显示,2019 年,RCEP 内 15 个成员国 GDP 总量达 26 万亿美元,出口总额达 5.2 万亿美元,总人口达 22.7 亿,三者均占全球总量约 30%。在 RCEP 协定背景下,四川-东盟双边贸易市场都实现了空前的扩大:一方面,对东盟来说,RCEP 协定的签署让东盟拥有了包括四川在内的整个中国市场;另一方面,四川一直将东盟放在对外开放的突出位置,并不断扩大与其的经贸联系,随着成都大学中国-东盟艺术学院及中国(四川)-东盟自由贸易合作中心等项目的创立,四川与东南亚逐渐搭建起了多领域、全方位的合作框架,东盟也已成为四川的第二大贸易伙伴,数据显示,2020 年四川对东盟进出口总额达 1568 亿元,同比增长 16.8%。

(三)增加四川-东盟双边合作机会

四川与东盟双边贸易合作由来已久,在 2000 年提出中国-东盟自贸区设想之前,双边贸易规模就已经达到 1.76 亿美元。2020 年,四川-东盟双边贸易额达 1568 亿元,东盟成为四川的第二大贸易伙伴,四川-东盟双边贸易规

模仅次于四川与美国的贸易规模。而由 RCEP 协定内容可知，其目标就是要增进和加强各缔约方之间的经济、贸易和投资合作。因此，RCEP 协定的签署会有效增加四川与东盟之间的经贸合作机会，双方的经贸往来会更加密切，合作规模和合作领域也将会越来越大。

（四）消除四川－东盟双边贸易壁垒

对一个国家（地区）而言，合理的税率能给当地的产业结构、经济增长、财政收入、收入分配等因素带来正面影响。同时，优惠的关税税率还可以让受惠国和给惠国之间的贸易稳步增长。根据《中国－东盟全面经济合作框架协议》，促进货物和服务贸易是中国－东盟自贸区建立的目标之一，逐步实现服务贸易和货物贸易自由化。而其实现路径则是逐步采取有效措施，力求消除双边的贸易壁垒，其中首要任务就是消除关税壁垒。目前，中国－东盟自贸区零关税已经覆盖了双方 90％以上的税目产品。中国－东盟自贸区还在为完全实现区内贸易零关税、彻底消除双边贸易关税壁垒而不断努力。其次，中国－东盟自贸区还将逐步取消非关税壁垒和数量限制。同时，RCEP 协定生效后，区域内 90％以上的货物贸易将最终实现零关税，以在较短时间内惠及各国企业和消费者。随着这些便利化规则的落地，RCEP 将提升本地区的产品竞争力，显著降低域内贸易成本，逐步发挥贸易创造效应，在给企业带来更多商业机遇的同时也给消费者带去更多的选择和实惠。

（五）增强四川产业产品优势

四川的五大经济区均各有优势产业：成都经济区以高技术产业、重大装备制造业和现代服务业等为特色产业，川南经济区以饮料、纺织、装备、化工、能源等为支撑产业，川东北经济区以红色旅游、特色农产品及加工、天然气化工为特色产业，川西北生态经济区以生态农业、生态旅游、特色畜牧业和清洁能源等为代表产业，攀西战略资源创新开发试验区以亚热带农业基地、精品钢材、新材料和能源为特色产业；并在此基础上形成了包含能源电力、油气化工、汽车制造、饮料食品、钒钛钢铁、电子信息及稀土和制造装备在内的七大优势产业。同时，四川与东盟的双边贸易具有较强的产品互补性，RCEP 协议的签订将为双方带来更广阔的产品合作空间，从而极大地增强双方双边贸易的产业产品优势。

三、四川－东盟双边贸易发展的路径选择

在 RCEP 协定背景下，四川应立足自身优势，紧抓机遇，积极构建以南向拓展为重心、以经贸合作区建设为纽带、以展会兴办为桥梁、以产业结构调整与优化为基础、以品牌打造为核心、以区域合作为后盾的发展路径，以此推动四川－东盟双边贸易快速、均衡发展，扩大双边贸易规模，提高四川－东盟双边贸易对四川经济增长的地位和作用，从而进一步增强四川竞争优势。

（一）以南向拓展为重心，扩大双边贸易市场

四川对外贸易发展要以南向拓展为重心，即在众多国际区域市场中要以东盟为主要贸易市场。这不仅是出于运输成本和地缘因素的考虑，也是源于四川与东盟双边贸易已有的合作基础和现实的产品互补，更是基于 RCEP 协定所提供的发展机遇。以南向拓展为重心，主要包括南向市场拓展和南向交通拓展。从南向市场拓展来看，四川需要高度重视发展与东盟各国的贸易合作关系。就南向交通拓展而言，四川要积极构建与东盟的交通运输体系，并以此连接中亚、中东甚至与欧洲、非洲之间的全球贸易网，以此来深化四川与东盟的双边贸易发展。

（二）以经贸合作区建设为纽带，增加双边贸易合作机会

经贸合作区拥有充足的生产要素、丰富的信息流、优惠的政策和完善的基础设施，建设和发展经贸合作区是实现贸易双方互利共赢的有效方式，有利于强化双边贸易关系。经贸合作区具有较强的抗风险能力、产业集聚效应和规模效应，在 RCEP 协定的背景下，四川应把握好与东盟各国进一步合作的机遇，以经贸合作区建设为契机"走出去"，与东盟各国广泛开展经贸合作。四川可通过在东盟主要国家建立工业园区、物流园区和工业新城等方式在东盟各国建立经贸合作区，并积极参加其他省份在东盟国家建立经贸合作区的活动。经贸合作区建设涉及的产业领域可以合作、互补，以特色及优势产业为依托，即以中国－东盟自贸区合作产业领域、与东盟互补产业，以四川的优势或特色产业

为主，加强四川与经贸合作区所在国的贸易联系，实现对双边贸易的有效促进。

（三）以展会兴办为桥梁，加强双边贸易联系

贸易伙伴之间相互了解的窗口和相互联系的桥梁是展会。在 RCEP 协定的背景下，四川不仅要积极举办各种类型的国际展会活动，将贸易伙伴"引进来"，还要积极举办更多形式多样、内容丰富的多领域行业展会，加强与东盟的贸易联系，特别是关于中国-东盟自贸区合作产业领域、东盟互补产业、四川优势或特色产业的行业展会。除此之外，四川还要主动参加各种国际展会与东盟各国举办的展会活动，在让自己主动"走出去"的同时加强与东盟各国的双边贸易联系。

（四）以产业结构调整与优化为基础，发展主打产业

对外贸易保持稳定增长的关键在于产业结构调整及其高级化：一方面，四川要在继续发展现有优势产业和产品的同时，以各经济区的其他优势产业为基础，以与东盟互补和优先加强合作的产业为重点，发展一批四川出口东盟数量较大且稳定的主打产业和产品；另一方面，四川还可主动挖掘并大力发展一批处在中国-东盟自贸区合作领域范围内的、当前贸易量虽小但极具发展潜力的特色产业与产品，以增加四川出口东盟的商品类型，扩大四川对东盟的出口规模，进而推动双边贸易的增长，如中药材、蜀锦蜀绣、金属制品、交通、旅游、电信等。

（五）以品牌打造为核心，促进四川出口产品升级

优势产业和特色产品的品牌打造是推动四川-东盟双边贸易发展的核心。四川所有的优势产业和特色产品，尤其是与东盟互补的产业产品、中国-东盟自贸区合作领域的产品，都可走"创品牌""树品牌"之路。现实情况表明，虽然目前四川的许多优势产业和特色产品已经具有一定的竞争实力，但在品牌打造方面仍然有进步空间。所以，为了能使四川与东盟双边贸易的产品竞争力得到有效且全面的提升，保持甚至扩大四川优势产业和特色产品在东盟的市场份额，四川要争取使每一产业和产品都能树立自有品牌，都能具有较强的竞争力。

（六）以区域合作为后盾，增强四川的贸易力量

加强与周边区域合作能使四川有效利用各种区域经济体提升自己的贸易力量。一是要加强与粤港澳、浙沪闽、湘赣苏、渝鄂皖的合作。借助珠三角区域、长江经济带和成渝经济区这三大区域经济，四川将与珠三角、长三角以及中部的大部分省份相连接，从而有效促进贸易力量的提升、贸易规模的扩大与贸易机会的增加。二是与藏青新的合作要加强。借助于藏青新三省丰富的自然资源，加强与其合作，既可将自身打造成产品加工的大前方，又可打造成三省对外贸易发展的物流中转站，还可将藏青新三省变作其对外贸易发展的资源大后方。三是加强与滇黔桂的合作。滇桂黔是四川-东盟从陆路和水路进行双边贸易往来的必经之路。加强四川与滇黔桂三省的合作，有利于畅通四川-东盟双边贸易通道。四是要加强与甘陕合作。加强四川与甘陕两省的合作，有利于四川借助"一带一路"建设的机遇增强外贸力量。总之，加强四川与各区域的合作，有利于四川形成庞大的区域合作网，有这样庞大的区域合作网作为后盾，东盟面对的不再是一个简单的中国内陆省份，而是一个与中国东、中、西部诸多省份均有密切关系的重要经济体，从而显著提升四川的对外贸易力量。

第八章 DIBAZHANG

四川与日韩澳新的贸易和投资机会分析

第一节　日韩澳新经济发展分析

一、日本经济分析

（一）日本经济发展现状[①]

1. GDP出现负增长

2019年全年，日本GDP实际增长率为0.7％。从"三驾马车"的维度来看，投资是拉动日本经济的主要动力：投资方面，政府投资和私人投资分别增长3.1％和1.9％；消费方面，政府消费和私人消费分别增长1.9％和0.1％；进出口方面，进口额和出口额各降低0.8和1.9个百分点，净出口使GDP增长降低0.2％。从全年各个季度来看，四个季度的GDP同比增幅分别为0.8％、0.9％、1.7％、−0.4％，"凸"型走势明显。

单从2019年第四季度来看，日本GDP环比下降1.6％，同比下降0.4％。分析其原因，学界普遍认为这是由提高消费税带来的负向效应造成的：消费税的提高使得私人消费大幅减少，而同时政府消费无法弥补私人消费下降带来的负向效应，最终使得经济出现负增长。从具体数据来看，日本2019年第四季度国内需求同比下降0.8％（其中政府需求同比增长3.1％，私人需求同比下降2.0％），私人消费最终使得GDP增长降低1.2％。

2. 失业率持续保持低位

数据显示，日本2019年第四季度的月平均就业人口为6762万人，至12月月底已经连续84个月实现同比增加，并且失业率一直维持在2.2％左右的超低水平，就业压力较小。分析其原因，这一良好的就业状况与日本政府在当

[①]　本小节数据整理自薛啸岩. 日本当前经济形势及2020年展望［J］. 中国经贸导刊. 2020（09）：26−28.

年采取的各项措施有关：2019年10月开始，日本政府正式推出幼儿教育免费政策，同时对部分低收入家庭的税收予以免除，增强与地方企业和自治团体等的合作，为儿童提供必要的免费托管服务，从而有效增强女性的就业意愿。这一政策实施后，第四季度日本女性就业人口比第三季度增加了约4万人，表明政策效果初步显现。此外，通信、医疗、运输等服务业对就业人口吸引力的上升也是日本失业率成功维持在较低水平的重要原因。

3. 物价水平温和上涨

从消费端来看，2019年全年，日本核心CPI同比涨幅均保持在0.4％至0.9％的区间内，整体稳定，其中10月、11月和12月的核心CPI分别同比上涨0.7％、0.8％和0.9％。从不同的部门来看，交通、租金和食品等费用的上涨对通胀贡献度较大，而教育费用则下降较多。从生产端来看，受全球原油价格上涨的影响，2019年第四季度三个月的PPI分别同比上涨−0.4％、0.1％、0.9％，加速趋势明显。从具体部门看，化学品、石油对PPI的提升起主要作用，而肉类产品价格则降幅较大。2020年1月，日本银行政策委员会暗示10年期国债收益率将被允许跌至负值，宽松的货币政策存在继续加码的可能性。

4. 进出口贸易规模持续收缩

2019年，日本货物进出口1.4万亿美元，同比下降3.9％，贸易逆差151.1亿美元。第四季度，日本贸易加速收缩，进出口同比下降9.0％，比第三季度多降了4.3个百分点。其中，出口、进口、出口同比各自下降11.9％、7.8％，降幅分别较上季扩大7个和0.8个百分点。在全球经济不确定性增强和经贸摩擦升级等因素的影响下，日本的电子产品、机电产品和运输设备等产品"等价齐跌"使得出口持续收缩；同时，受内需不振、暖冬、台风等因素的影响，日本的能源资源产品进口规模大幅下降。2019年第四季度以来，随着中美贸易关系趋于缓和，日本对华出口额迅速攀升，中国随之超越美国重新成为日本最大的进口来源国和出口对象国。

2008—2019年日本人均国内生产总值如图8−1所示。

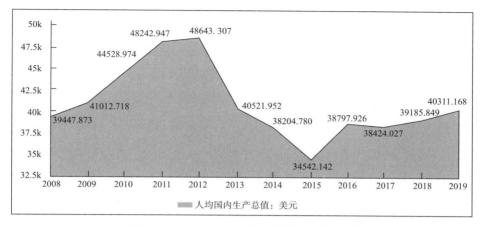

图 8-1　2008—2019 年日本人均国内生产总值

（二）中国—日本贸易投资简况

从双边贸易来看，2019 年，中日贸易总额为 3150 亿美元，较上年下降 3.9%。其中，我国对日出口和进口贸易额分别为 1432.3 和 1717.6 亿美元，分别下降 2.6% 和 4.9%。从日本对华投资来看，2019 年，日本在华新设企业 1000 家，同比增长 20.8%，实际使用金额 37.2 亿美元，下降 2.0%，成为第五大对华投资国。[①] 改革开放以来，日本对华直接投资地区出现过几次转移（见表 8-1）：

表 8-1　改革开放以来日本对华直接投资地区

时期	日本主要对华直接投资地区
20 世纪 80 年代	看重渤海湾地区的辽宁省所拥有的大量低成本劳动力，主要生产具有价格优势的轻工业产品
20 世纪 90 年代	直接投资扩展到珠三角地区，以生产电子零部件为主
2000—2011 年	直接投资的重要目的是拓展在华销售市场，上海、江苏等东部沿海地区成为投资重点地区，对中西部地区投资较少
2011 年至今	对中国中西部地区的直接投资开始增加，计划在中西部地区扩大投资的日本制造业企业占比从 2017 年的 44.4% 提升到 2018 年的 51.4%（日本国际协力银行调查数据）

资料来源：田正. 日本经济与中日经贸关系研究报告（2018）：新时代背景下的中日经贸关系 [M]. 北京：社会科学文献出版社，2018.

---

① 数据来源：中华人民共和国商务部官方网站。

二、韩国经济分析

（一）韩国经济发展现状

1948 年 8 月 15 日，大韩民国宣告成立。到 20 世纪 50 年代末，韩国基本上是依赖外国援助的消费型经济。在日本殖民统治期间，韩国几乎没有像样的工业体系，其经济发展的内部条件十分不利。1961 年，韩国的朴正熙将军发动政变夺取政权，之后便迎来了韩国经济飞速发展的二十年。从 1962 年开始，在一个又一个五年计划的施行与推动下，韩国开始了工业化进程。此时的韩国政府主要实施外向型经济发展战略，以促进进口为主要特征。到 1962 年，韩国的外商投资占整个国内投资的 83%。从 1973 年开始，韩国推行"重化工业发展计划"，从而为韩国汽车、石化、钢铁、造船等工业的形成与发展奠定了基础，并有力促进了韩国的城市化进程。此外，韩国著名的"新农村运动"也是在这一时期发起的，并使得韩国农村地区的生产生活水平得到了大幅提高。然而，这一时期韩国重工业的过度发展也带来了一系列问题。例如，韩国政府要求大企业合并重组集中力量发展冶炼、汽车、海外工程建设、重机械制造和造船等领域的措施直接催生了一批大财阀对这些市场的垄断。90 年代以来，新的国际贸易体制逐渐形成，韩国也在 1995 年加入 WTO 成为创始国之一，1996 年又加入 OECD，正式进入发达国家行列。同期还先后加入了 APEC、ASEM 等国际组织，创造了发展的"汉江奇迹"。

2009—2020 年韩国人均国内生产总值如图 8-2 所示。

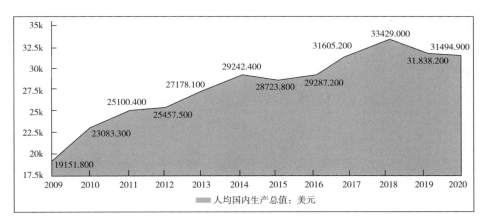

图 8－2 2009—2020 年韩国人均国内生产总值

（二）中国－韩国贸易投资简况

从双边贸易情况看，2019 年，中韩双边贸易额 2845.4 亿美元，比上年下降 9.2％。其中，我国对韩出口额达 1109.7 亿美元，比上年增长 2％；自韩进口额达 1735.7 亿美元，比上年下降 15.2％。

从韩国对华投资来看，2019 年，韩国对华投资 2108 个项目，比上年增长 12％，我国实际使用韩资 55.4 亿美元，比上年增长 18.7％，为第三大对外投资国。

从我国对韩投资来看，2019 年，我国对韩直接投资额达 2 亿美元，比上年下降 69.2％。

从工程承包合作来看，2019 年，中韩新签工程承包合同额为 8.3 亿美元，比 2018 年增长 5.0％；完成营业额 13.3 亿美元，较 2018 年增长 228.0％。①

---

① 数据来源：中华人民共和国商务部官方网站。

三、澳洲经济分析

（一）澳大利亚与新西兰经济发展现状

1. 澳大利亚经济发展现状

澳大利亚是位于南半球的一个移民国家，拥有丰富的铁矿石等矿产资源，人均资源占有量高。同时，发达的畜牧业使得澳大利亚的奶制品、羊毛、牛羊肉等在全球范围内极具竞争优势。

2018/2019 财年（2018.10.1—2019.9.30），澳大利亚 GDP 同比增长 1.9%，货物及服务出口增长 3.8%，货物及服务进口下降 0.2%；总人口增至 2528.7 万人，劳动力人口 1342.1 万人，就业人口 1275.3 万人，失业率 5.1%；消费者价格指数增长 1.6%，年利率维持在 1.8%。产业结构上，农、林、渔业总增加值（Gross Value Added）为 406.05 亿澳元，从业人数 33.33 万；矿业总增加值为 1857.54 亿澳元，从业人数 24.66 万；制造业总增加值为 1099.79 亿澳元，从业人数 90.57 万；服务业总增加值为 13264.49 亿澳元，从业人数 1126.76 万。全行业总增加值 18193.68 亿澳元，总从业人数为 1275.3 万人。

2018/2019 财年，澳大利亚出口额达到 4700 亿澳元，连续 28 年实现经济增长，成年人的平均财富排名世界第二，仅次于瑞士。该国是全球最大铁矿石、煤、羊毛出口国，第二大铝矿石、铅锌矿石、牛肉出口国，第三大铜矿石和扁豆出口国，第四大葡萄酒、棉花、糖出口国，第五大珍珠、锆石、银出口国，第六大黄金出口国，第十大谷物出口国，人才竞争力指数排名全球第十二，拥有全球排名第十六的证券交易所。[①]

2010—2020 年澳大利亚人均国内生产总值如图 8-3 所示。

---

① 数据来源：中华人民共和国商务部官方网站。

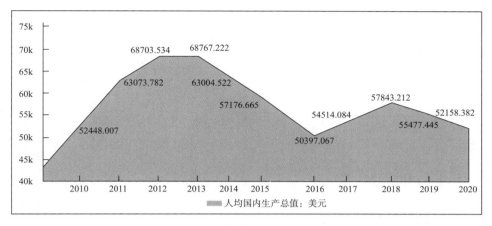

图 8-3　2010—2020 年澳大利亚人均国内生产总值

2. 新西兰经济发展现状

根据新西兰国家统计局数据显示，2017 年 12 月至 2018 年 11 月，新西兰货物贸易出口额 575.45 亿新元，同比增长 9.5%，进口额 629.67 亿新元，同比增长 12.4%，贸易逆差 54.23 亿新元，占出口额的 9.42%。

以国别来看，新西兰对澳大利亚出口额 90.57 亿新元，同比增长 4.2%；对中国出口额 137.06 亿新元，同比增长 17.2%；对美国出口额 55.66 亿新元，同比增长 6.0%；对日本出口额 35.62 亿新元，同比增长 14.1%；对韩国出口额 17.57 亿新元，同比增长 17.9%。新西兰自中国进口额 124.59 亿新元，同比增长 15.1%；自澳大利亚进口额 72.07 亿新元，同比增长 4.4%；自美国进口额 63.68 亿新元，同比上涨 6.4%；自德国进口额 31.29 亿新元，同比增长 4.5%；自日本进口额 43.86 亿新元，同比增长 4.7%。

从产品种类来看，出口产品中，新西兰的肉和可食用杂碎出口额 75.02 亿新元，同比增长 17.4%；奶粉、黄油和奶酪出口额 143.53 亿新元，同比增长 5.9%；原木、木材和木材制品出口额 52.34 亿新元，同比增长 14.6%；水果出口额 32.56 亿新元，同比增长 22.7%；机械器械和设备出口额 18.43 亿新元，同比增长 14.2%。进口产品中，机械器械和设备进口额 87.85 亿新元，同比增长 9.6%；车辆及零配件进口额 90.85 亿新元，同比增长 1.5%；汽油及其制品进口额 73.34 亿新元，同比增长 38.3%；电子器械和设备进口额 51.46 亿新元，同比增长 11.2%；纺织品进口额 27.23 亿新元，同比增长 8.7%。[①]

2010—2020 年新西兰人均国内生产总值如图 8-4 所示。

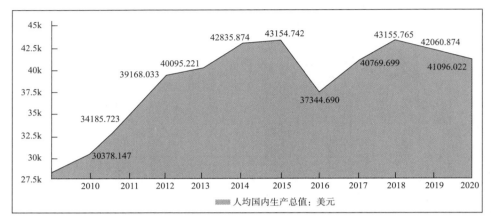

图 8-4　2010—2020 年新西兰人均国内生产总值

（二）中国与澳大利亚、新西兰的贸易投资简况

1. 中国-澳大利亚[②]

根据澳大利亚统计局公布的数据，2020 年全年中国-澳大利亚双边货物贸易总额为 2296.23 亿澳元，同比增长 0.88%。其中，中国对澳出口额增长 6.54%，达 844.35 亿澳元；中国从澳进口额下降 2.15%，为 1451.88 亿澳元。

根据澳大利亚统计局统计数据显示，2018 年澳大利亚货物贸易继续呈增长态势，货物贸易进出口总额为 4840.1 亿美元，比上年同期（下同）增长 7.0%。其中，出口 2566.4 亿美元，增长 11.0%；进口 2273.7 亿美元，增长 2.7%。贸易顺差 292.7 亿美元，增长 199.8%。

从国别来看，2018 年澳大利亚对中国、日本、韩国和印度的出口额分别为 876.1 亿美元、413.4 亿美元、176.6 亿美元和 122.8 亿美元，分别占澳出口总额的 34.1%、16.1%、6.9% 和 4.8%，分别增长 14.7%、22.3%、

---

① 本小节数据来源：中华人民共和国商务部官方网站。
② 本小节数据来源：中华人民共和国商务部官方网站。

13.4％和1.8％，对中、日、韩、印四国出口总额占澳大利亚出口总额的61.9％；自中国、美国、日本和德国的进口额分别为555.2亿美元、231.6亿美元、168.2亿美元和112.4亿美元，分别占澳进口总额的24.4％、10.2％、7.4％和4.9％，分别增长13.1％、1.7％、4.4％和7.1％。澳大利亚前五大顺差来源地依次是中国内地（320.9亿美元）、日本（245.2亿美元）、印度（81.7亿美元）、韩国（77.7亿美元）和中国香港（70.5亿美元）；逆差主要来自美国（134.8亿美元）、德国（92.1亿美元）和泰国（62.7亿美元），对德国逆差增长6.4％，对泰国和美国逆差分别下降17.5％和2.3％。

从具体商品类别来看，出口方面，澳大利亚的主要出口商品为矿产品、贵金属及制品和动物产品，2018年上述三类商品的出口额分别为1524.6亿美元、161.2亿美元和146.6亿美元，分别占澳大利亚出口总额的59.4％、6.3％和5.7％，分别增长16.8％、5.0％和9.8％，而植物产品的出口额则出现了25.2％的大幅度下降。进口方面，澳大利亚的主要进口商品为机电产品、运输设备和矿产品，2018年前述三类商品合计进口总额为1225.8亿美元，占澳大利亚进口总额的53.9％。

2. 中国—新西兰

第一，中新双边贸易在波折中持续增长。自2008年中新FTA协定签署以来，两国双边贸易规模快速增长。由2008年的44.02亿美元增长至2018年的182.5亿美元，年均增长率为15％左右。一方面，中新FTA的签订对中国向新西兰的出口贸易的极大刺激主要体现在机电、纺织品等产品上（见表8-2）。另一方面，中新FTA的签订也同样刺激了新西兰对中国的出口贸易，主要体现在乳制品等产品上（见表8-3）。

表 8-2　2012—2018 年中国出口新西兰主要商品情况

年份	机电类产品 （百万美元）	机电类产品 同比增长（%）	纺织品及原料 （百万美元）	纺织品及原料 同比增长（%）
2012	2304	6	1064	2.7
2013	2472	7.3	1106	3.9
2014	2578	4.3	1145	3.5
2015	2569	-0.2	1101	-3.9
2016	2557	-0.5	1063	-3.4
2017	2873	12.4	1051	-1.3
2018	3162	10.1	1108	5.4

数据来源：商务部统计数据。

表 8-3　2012—2018 年中国进口新西兰乳制相关产品份额占比（%）

年份	乳制品	液态奶	奶粉
2012	52.83	1.78	81.65
2013	48.50	2.90	86.46
2014	47.19	3.98	80.35
2015	54.23	4.95	78.86
2016	44.94	7.77	81.82
2017	37.00	31.50	76.00
2018	44.00	34.60	73.30

数据来源：《中新自由贸易区对中国奶业损害预计研究》。

　　第二，中新 FTA 强化了双方的经贸地位。从我国来看，在中新 FTA 签订之前，新西兰一直都不是中国的主要贸易伙伴国，中新之间的双边贸易额一直很低，2007 年仅为中国进出口总额的 0.17%，2008 年只占 0.2% 左右。但中新 FTA 的签订明显改变了这一局面，有力促进了中新两国双方贸易额的稳步增长，到 2018 年已经占到中国进出口总额的 0.41%。从新西兰方面看，中国长期以来都是其主要贸易伙伴国之一。2008 年中新 FTA 签订之初，中新双边贸易额占新西兰对外贸易总额的 9.81%，为 44.02 亿美元，中国是新西兰的第三大贸易伙伴。后来，中国对新西兰的贸易逆差额度逐年上升，到 2014

年更是达到历史峰值 47.68 亿美元。随后几年，伴随我国纺织业的爆发式发展和机电装备制造水平的明显提升，我国开始增加对新西兰的进口，对新西兰的贸易逆差逐渐减少，到 2018 年中国成为新西兰的第一大贸易伙伴国，中国对新西兰的贸易逆差也减少到 9.9 亿美元，基本形成了互利互惠的双边贸易格局，双方经贸地位得到进一步提升。①

第二节　日韩澳新开放发展的新特征

一、日本开放发展的新特征

为了能够灵活有效地应对危机，实现向可持续发展的强韧经济社会体系演化的目标，日本对外经济政策以"维持国际协调"和"通过与具有信任基础的国家合作维护经济安全"为主。

（一）推行极力避免"风险情景"的对外经济政策

由于美国特朗普执政期间大力推行单边主义、美国优先主义，国际协调的"离心力"在持续增强，因此日本的对外经济政策不仅着眼于克服眼前"新冠危机"造成的困难，而且也在极力避免中长期"风险情景"的显性化。

一方面，日本倡导要根据新冠肺炎疫情的发展，在预见所有经济社会方向性（新常态）的前提下，灵活地应对危机。为此，日本明确要做出如下努力：第一，适当控制人、财、物、数据跨境流动，酌情抑制国家干预；第二，促进以数字化为基调的产业更新，通过供应链的强韧化提高信任；第三，避免由于大国对立而导致国际秩序"漂流"和过度的市场分割；第四，增强对全球规模的新危机和风险因素（疾病大流行、气候变化等）的应对能力。

另一方面，日本经济产业省认为，日本还要根据所追求的政策效果的时间

---

① 唐魏. 逆全球化背景下中国－新西兰自由贸易区深化合作路径探析 ［J］. 对外经贸实务，2020（01）：7－10.

轴来确定相应的对策。在近期日本采取紧急应对措施，减少新冠肺炎疫情给日本带来的负面影响，推进为了缓解世界疫情的国际合作；在疫情即将结束的转型期，确定解除紧急措施的路线，明确后疫情时代的国际秩序方向；在中长期，要先行适应"新常态"，促进以"国际协调"和"经济安全"为两轴的国际秩序形成，构筑能够灵活应对危机的强韧的供应链，夯实面向经济社会数字化和强化日本产业竞争力的基础。

（二）发挥国际协调主体作用的对外经济政策

根据日本经济产业省公布的资料，在世界秩序变化当中，日本要发挥"旗手"的作用主导国际协调，并维持和发展以自由公正规则为基础的国际经济制度框架。这样，日本就要担负起重建后疫情时代新规则基础的国际经济秩序的责任，促进 WTO 改革。为此，日本在与以欧美为代表的国家（组织）合作的同时，在 G20 和 WTO 等国际平台上做出积极贡献，主导高水平规则的形成，构筑以新规则为基础的国际商贸体系。菅义伟在施政演说中也提出在世界经济低迷、呈现出内向型发展的趋势下，日本要率先扩展自由、公正的经济圈，维持和强化多边自由贸易体制。目前，日本在积极推进或参与制定关于医疗用品、疫苗等研发和普及的制度安排；加快制定数字技术领域的规则，使日本提出的"在信任下数据自由流动倡议"（DEET）落到实处；保证监管贸易限制措施制度框架（G20、WTO 等）的实效性，进一步扩大自由贸易圈。

（三）实行供应链强韧化和维护经济安全的国家间合作的对外经济政策

第一，在供应链强韧化方面，日本致力于构筑能够灵活应对新危机的强韧的全球供应链，寻求在"集中生产的经济性和效率性"与"对供给中断风险的对应力"之间的平衡，并使供应链从"效率最优先型"向"随机应变型"转变。第二，在维护经济安全方面，受疫情的冲击，日本的本国中心主义会进一步强化，政府对战略技术和重要技术以及拥有这些技术的企业实施保护政策。第三，在供应链布局上，日本实施兼顾竞争力和产业安全的政策，从安全保障的角度出发，调整尖端技术、新兴技术在供应链上的布局。第四，在基础设施建设等方面，日本加强与新兴国家（地区）基础设施建设的合作，并寻求与当地企业共同推动能源、数字技术、健康产业的发展。菅义伟出访越南和印度尼西亚的目的，除了安全合作以外，加强基础设施合作也是一个重要议题。

（四）加速经济社会数字化和强化日本产业竞争力的对外经济政策

在以新冠肺炎疫情为契机的新技术革新向各领域普及发展的过程中，日本在努力促进经济社会的数字化及其基础建设。同时，随着各国相继实施入境限制，跨境电子商务的需求在不断扩大。为了扩大中小企业的商务机会，日本也在推进数字技术海外拓展的环境建设。公共卫生专家曾警告，新冠病毒的感染会长期化以及在将来可能会出现新的强感染力病毒。这些警告驱动了日本政府和企业制定以对人和物的移动特别是国际间移动被断绝为前提的新供应链战略，其中最为有力的就是考虑使用不伴随人和物移动的先进 IT 技术的战略。物的移动能够用数据的移动来代替。例如，企业利用 3D 打印技术，通过发送打印数据来代替零部件运输。另外，人的移动能够用机器人代替。例如，使用具有人工智能的机器人来代替人的劳动。日本以 IT 技术为基础的供应链战略达到真正地运转尚需一定时间，但其趋势已经开始显现。

二、韩国开放发展的新特征

遵循"进口替代→出口导向→海外直接投资"的总体战略轨迹，韩国走上了资本输出的道路。

（一）韩国海外直接投资的发展特点

1. 投资规模稳中放缓

1968—1985 年间，受国内资金不足的制约，韩国海外直接投资的增加幅度非常缓慢。1986 年以来，随着国内劳动力成本的增加、外汇交易自由化政策的施行以及海外直接投资体系的日渐完善，韩国的海外直接投资力度明显加大。海外直接投资项目数量于 2007 年达到了历史顶峰，年度投资项目达到 5687 项。2008 年的金融危机虽在短期造成了韩国海外直接投资项目的负增长，但在 2009 年后又快速恢复到了危机前水平，截至 2015 年年末，韩国海外直接投资 62025 项，总投资额为 3084.3 亿美元。[①]

2. 投资主体以大企业为主

截至 2015 年年末，在韩国的海外直接投资中，大企业占 79.9％，中小企业占 14.6％。从投资额来看，大企业和中小企业的平均投资额分别为 2863.6 万美元和 153.8 万美元，相差 18.6 倍，且中小企业的每项投资金额还呈下降趋势。从投资项目个数来看，大企业与中小企业项目分别为 8618 项和 29309 项，分别占 13.8％和 46.8％。从投资领域来看，大企业与中小企业的最大投资领域都是制造业，但比重不同，其中，大企业为 37.2％，中小企业则为 55.1％。除制造业外，中小企业投资比重较高的依次是零售业和房地产租赁业，分别为 9.4％和 8.0％；而大企业则依次是矿业、零售业和金融保险业，分别占 22.3％、12.3％和 8.5％。[②]

3. 投资区位分散化

受国家发展需求以及现存问题的影响，韩国的海外直接投资带有明确的选择性与方向性。例如，在对北美、欧洲和亚洲的投资中，制造业占首位，而在对中南美洲、大洋洲、非洲和中东的投资中，矿业占首位。此外，韩国因受限于自身国土面积较小、资源匮乏等因素，较难在本土发展农、林、水产等产业。在这方面的投资中，韩国对亚洲、非洲、中东和大洋洲等地区的投资较为集中，对中南美、欧美和北美等地区的投资则较为分散。

（二）韩国对外贸易发展特点

韩国贸易发展战略又可以分为进口替代时期、出口导向时期、国际化和科技化发展时期、FTA 时期四个阶段（见表 8-4）。

---

① 金明玉. 韩国对外直接投资的发展轨迹及绩效研究 [D]. 辽宁大学，2008：12.
② 数据来源：韩国进出口银行海外直接投资统计数据。

表 8-4　韩国对外贸易发展的四个阶段

阶段	特点
进口替代时期 （20 世纪 50 年代）	对其国内一些起步期的工业进行保护，并在不同程度上实施鼓励和优惠措施；不准接受国外的投资商投资等
出口导向时期 （1962—1979 年）	出台大量鼓励性政策大力支持劳动密集型工业出口，大量引进国外先进技术推进制造业发展
国际化和科技化 发展时期 （1980—1999 年）	顺应国际经济的发展潮流，进一步实施"科技立国策略"，以保证经济结构更加完善。同时以"稳定第一"为原则，积极参加国际分工与合作，目的是尽快与国际经济接轨，力求得到最大限度的比较利益，以此保证其国民经济能够取得更进一步的发展。贸易市场逐步转向多元化，对美国、日本等经济大国的传统市场依赖性不断降低，而向其他国家、地区的出口量不断上升
FTA 时期 （2000 年至今）	作为外向型经济战略国家，在亚洲金融危机和区域主义发展势头明显的大背景下，韩国必须借助国际经济机制来改变韩国国内的经济增长形式。截至 2017 年，韩国已经和 50 多个国家签订了 15 个自由贸易协议。在 FTA 的签署方面，韩国的选择对象从最初的小型贸易国家到大型经济体，是在综合考虑了经济、政治、外交及各种经济体之间的联系等诸多因素的前提下做出的改变。在新贸易政策的出台方面，韩国非常重视区域经济的发展，尤其注重其中的轮轴角色。在多边自由贸易对象的选择范围上，从发达经济体逐渐延伸到新兴经济体

资料来源：章传利，何森. 韩国贸易政策的演变及原因探析［J］. 技术与市场，2012（04）.

三、澳大利亚开放发展的新特征

第一，中澳在经济贸易上的互利双赢是双边关系发展的"安全阀"，也是澳大利亚顺利开展对华外交的前置条件。但现如今，中澳之间的经贸关系却逐渐在从双赢向中国经济利益不断受损转变。尽管从数量上来看，中资企业 10 年来在澳大利亚的基础设施投资总体上受到了当地政府和企业的支持，但一些在澳中资企业的部分重大投资经营活动却时常遭到意外的禁止和否决，更为重要的是，这一现象背后所体现出来的零和思维和意识形态偏见对中资企业在澳大利亚的正常经营产生了严重影响。

第二，作为"五眼联盟"成员之一，澳大利亚在美国的压力下将贸易投资与安全和信息通信技术两个议题绑定起来，对中兴、华为等中国高科技跨国公司进行政治迫害，打破了澳大利亚长期以来政经分离的对华外交原则。其还通过立法从制度层面对中国的高科技贸易和投资进行限制与打压，2018 年 7 月，《2018 年关键基础设施安全法案》正式实施；2018 年 8 月，《5G 安全指导书》正式发布，澳大利亚随即宣布禁止华为和中兴参与澳大利亚 5G 技术和产品的提供。

第三，澳大利亚对外表现出的对华的高度经济依赖与对内表现出的自身经济的不景气形成反差。在对华的高度经济依赖方面，澳大利亚既想要持续分享中国经济增长的红利，又担心对华依赖过高面临的巨大经济风险，"中国经济威胁论"此起彼伏。其在国内的经济不景气方面，房地产和居民消费这两大长期依靠的经济增长引擎都处在下行区间，房地产崩盘和银行业危机风险较大。但与国内经济下行的巨大压力相比，澳大利亚对华出口却有增无减，甚至多年刷新纪录。

四、新西兰开放发展的新特征

目前，中国是新西兰最大的进口来源国、最大的出口市场和全球最大的贸易伙伴，而新西兰也是全球五大食品供应国之一。综合来看，新西兰的开放发展具有以下特点：

一方面，近年来新西兰经济从原来以农业为主成功地转变为工业化自由市场经济，更加具有国际竞争力。新西兰的奶制品、羊肉、粗羊毛与鹿茸等产品的出口在全世界排名第一。然而不得不承认的是，受限于新西兰地理位置和国家发展规划等客观因素，其制造业等产业的发展颇受影响，国家的发展主要还是依靠第一产业和旅游业，其 GDP 不得不高度依赖国家贸易。

另一方面，新西兰虽然在粮食、水果方面早已实现自给自足，但在重工业和高科技领域的发展却极为不足，经济严重依赖外贸。新西兰主要进口交通运输工具、机械、石化、饮料、轻工业加工品以及烟草等产品。据了解，新西兰 70% 以上进口产品为加工后的成品，其中自 2007 年以来，石油制品一直是其进口最多的产品，其次为机械类和交通类产品。

第三节　四川与日韩澳新投资机会分析

一、四川与日本投资机会分析

2014 年，日本贸易振兴机构（JETRO）这一专门致力于促进贸易和投资的政府机构在成都设立代表处（至今仍为中国西部唯一一家），从而为四川与日本的双边贸易与投资奠定了基础。同年，四川省《支持外商投资企业发展八条措施》发布，明确提出为了促进投资便利化，将下放核准及备案权限，同时允许外商投资企业参与交通、能源、医疗、养老等领域的示范性重大项目，并在能源、土地和用工等方面给予重点支持。2017 年，JETRO 与四川省政府签署了合作备忘录，四川也出台了《关于扩大开放促进投资若干政策措施的意见》，川日合作愈加密切。此外，四川省还积极探索建立常态化对话交流机制，并于 2019 年成立了中国（四川）－日本经济合作顾问委员会。

在当前四川构建"5＋1"现代工业体系的背景下，日本实力雄厚的制造业和势头强劲的新兴产业极具优势，从而使得四川和日本双方在产业合作方面潜力巨大：一是双方可以在生物医药、人工智能、装备制造、大数据和互联网等领域加大产业技术合作力度，通过共建产业合作园区，共同拓展市场，推动双方经贸合作提升到更高水平；二是双方可以强化金融发展、文化教育、科技创新和旅游观光等领域的合作，推动双方合作共赢；三是双方可以重点在健康养老、高端制造、共享经济和节能环保等领域推动中日互利合作提质升级；四是要抢抓"成渝地区双城经济圈建设""一带一路建设""新时代西部大开发"等重大战略机遇，深化与日本贸易振兴机构、日本企业的合作，推动更多日资企业来川投资布局；五是要进一步推动四川与日本双方进行文化交流，努力加强教育、科技、人文等方面的交流与合作，推动川剧、彩灯和藏羌彝民俗等四川特色文化走进日本，让科技、文化成为双方友谊的桥梁和纽带。

二、四川与韩国投资机会分析

（一）"一带一路"的新契机

川韩两地相距 2500 公里，却被一条"丝路"紧紧地联系在了一起，"一带一路"不仅为中国对外开放新格局建设提供了有力保障，也为四川与韩国加强贸易合作创造了有利契机。一方面，将有利于川韩建立开放、包容、互利、共赢的合作局面，构建高水平的开放型经济体制，推进中国西南部开放潜力的释放，提高双方投资与贸易的便利化水平。另一方面，还能优化川韩两地的贸易和进出口结构，最终建立起韩国与中国西南部贸易优势互补和互联互通的格局优势，促进区域经贸的协调发展。

（二）强化川韩贸易互补性

中韩之间的贸易合作本身互补性极强，而这一点在四川省体现得尤为明显。一方面，川韩两地本身经济结构互补，为贸易的互补性奠定了基础。在中国"西部大开发"的战略背景下，作为西部中心的四川，在西部经济发展中承担着重要一极的角色。同时，韩国企业也希望参与西部大开发，进驻中西部市场。另一方面，川韩两地具有广阔的内需市场和巨大的经济增长潜力，为两地的投资贸易合作创造了条件。韩企的进驻不仅有利于四川借鉴其先进的经营模式和科技手段，推动川内产业转型升级；同时还能创造大量的就业机会，推动川内的经济建设。

三、四川与澳大利亚投资机会分析

推进两省州之间的合作与交流，一可以通过加强两省州政府间的合作，建立健全定期沟通协调机制，增强双方的交流互访；二可以通过以贸易、投资领域合作为重点，尝试建立商贸联合委员会等合作平台，进一步深化双方企业尤其是中小企业在汽车产业、装备制造和电子信息等领域的合作，从而实现两省州的优势互补与合作共赢；三可以通过深化双方在文旅、科技和教育等领域的交流与合作，进一步推进双方的文化交流。

当前，四川正在积极实施充分开放战略，对外经济合作已经成为四川省构建开放型经济的重要组成部分，中央和地方政府积极支持企业走出去开展国家化经营，一大批企业希望走出去，四川面临难得的发展机遇。

澳大利亚作为发达国家，拥有领先的科研技术、良好的营商环境及丰富的矿产、农业和旅游资源。四川产业门类齐全，在矿产资源、农业开发、食品饮料、装备制造、生物医药等领域具有良好的基础。因此，四川与澳大利亚的合作潜力巨大，且具有良好的基础。

四、四川与新西兰投资机会分析

一直以来，新西兰与四川在牛奶、奶粉、猕猴桃等项目上皆有着深厚的合作基础。随着成都到新西兰直航的开通，双方合作的领域也扩大到海鲜、葡萄酒、蜂蜜等食品行业。而在"一带一路"倡议的推进下，四川和新西兰的合作有了更大的空间，这一点在电子商务领域表现尤为明显。不仅如此，很多新西兰公司近些年也不断到四川来拓展业务，寻求发展机遇，其中包括软件、环境保护、农业及航空等。新西兰已经从一个农业国转变为具有创新、科技的出口型国家，所以，中新自由贸易的协定也会更准确地反映两国的需求。

"一带一路"倡议提出后，对双方来说，更重要的是如何在开放的前提下，运用好基础设施资源，这些资源无论是铁路、公路还是海运、空运，最终目的是将"一带一路"沿线国家连接起来。而相比硬件设施来说，打破贸易壁垒等问题是接下来应该重点关注的，沿线国家在妥善解决这些问题后，才能为全球消费者和企业带来更好的发展条件。

未来在自由贸易协定的帮助下，中国和新西兰两国将会最大限度地拓展开放渠道，现在的问题在于寻找具有发展潜力的行业，以行业合作促进人员交流。在两国传统贸易继续发展的同时，也会有一些新的贸易领域加入，比如新西兰的生鲜、水果、海鲜等产品不断进入四川市场，同时也有很多中国企业到新西兰进行投资，这样的投资也会促使产品返销中国。

第九章 DIJIUZHANG

四川与欧盟的贸易与投资机会分析

第一节　欧盟经济发展分析

欧盟（EU），全称欧洲联盟，是由欧洲共同体发展而来的，现拥有 27 个会员国（2020 年 1 月 31 日 24：00，英国正式脱离欧盟），是在世界上具有重要影响的区域一体化组织。1993 年 11 月 1 日，欧洲共同体马斯特里赫特首脑会议通过的《马斯特里赫特条约》正式生效，欧盟正式诞生。欧盟是世界上经济最发达的地区之一，在对外贸易中，美国、中国、俄罗斯、瑞士为其主要贸易伙伴。作为世界上最大的资本输出和商品与服务出口的国家集团，欧盟对包括中国在内的世界其他地区的经济发展至关重要。目前，在新冠肺炎疫情的严重影响下，全球经济萎缩，欧盟经济也呈现出萎缩放缓趋势。近期的统计数据显示，2020 年欧盟 27 个成员国中，除爱尔兰以外，其余会员国经济第一次出现了负增长的情况。由于欧洲新冠肺炎疫情防控形势和英国脱欧、欧洲潜在的主权债务危机等风险的影响，未来欧盟经济存在着很多的不确定性因素。

一、近年来欧盟经济总体运行情况

2021 年年初，欧盟及其各个成员国的统计机构相继公布了 2020 年宏观经济数据。按照初步统计数据，欧盟 2020 年全年国内生产总值（GDP）同比下降 6.3％，欧元区国家国内生产总值同比下降 6.8％，相较于欧盟 27 国，整体下降幅度更高，达到 0.5 个百分点，表明欧元区国家经济受新冠肺炎疫情的影响更为严重。数据表明，在欧盟主要经济体中，西班牙、希腊、意大利、法国、比利时、德国 2020 年国内生产总值下降明显，其中，西班牙下降幅度最大，同比下降了 11.0％，希腊下降了 10.0％，意大利下降了 8.8％，法国下降了 8.3％，比利时下降了 6.2％，德国下降了 5.0％。另外，瑞典和爱沙尼亚两个欧盟成员国都下降了 2.90％，波兰下降了 2.8％，立陶宛下降了 0.9％。依据统计数据，爱尔兰是欧盟 27 个成员国中唯一实现了 2020 年度经济正增长的经济体，2020 年度其国内生产总值相较于 2019 年度增长了 3％。

这些经济数据表明，2020年欧盟经济遭受新冠肺炎疫情的严重冲击，经济出现了较大幅度的下滑。不过，随着新冠肺炎疫情防控形势逐渐好转以及疫苗接种工作的逐步开展，欧盟经济开始逐渐复苏。按照近期公布的统计数据，欧盟2020年第四季度的国内生产总值（GDP）环比下降0.5%，与上个季度相比回落12%；其中，欧元区国内生产总值环比下降0.7个百分点，回落幅度达13.1%。从成员国来看，德国、西班牙、比利时、立陶宛都实现了环比正增长，国内生产总值分别环比增长0.1%、0.4%、0.2%、1.2%，但是，法国、奥地利却分别下降了1.3%和4.3%。再从同比数据看，欧盟第四季度GDP下降4.8%，欧元区下降5.1%，下降幅度相较于上个季度分别上升0.6%和0.8%。可见，欧盟经济短期内要复苏到疫情前的水平尚需时日。

近十年来欧盟经济发展严重承压，增长一直乏力。2008年美国爆发次贷危机，波及全球金融行业，重创全球经济。对于开放程度较高的欧盟各成员国，经济发展遭受较为严重的负面影响。2009年，以希腊为代表的欧洲主权债务危机，让本已承压的欧盟经济雪上加霜，部分成员国经济发展严重受挫，陷入较长时期的低谷期。可以从德国、法国及意大利这三个欧盟主要经济体近十年的经济发展情况一窥其貌。数据显示，近十年来德国、法国、意大利三国的国内生产总值一直处于低水平波动状态，经济增长幅度较低，甚至出现负增长。具体来看，2010年至2019年，德国国内生产总值平均增长率为1.933%，2012年仅为0.42%，法国国内生产总值平均增长率为1.379%，2012年最低，仅为0.31%，意大利国内生产总值平均增长率为0.273%，2012年和2013年连续两年增长率为负，分别为-2.98%、-1.84%，其中，2019年德国、法国和意大利三国的国内生产总值分别为3.861万亿美元、2.716万亿美元和2.004万亿美元。可见，虽然德国、法国、意大利三个欧盟主要经济体的国内生产总值规模低于美国，但是三国国内生产总值增长率却低于美国同期（2019年美国国内生产总值为21.433万亿美元，近十年来平均增长率为2.274%）。2019年欧盟GDP增幅仅为1.55%，较上年下降0.6个百分点，GDP总量约为15.626万亿美元。2020年席卷全球的新冠肺炎疫情给本已有所复苏的欧盟经济造成了严重打击，欧盟各国供应链、产业链出现大面积断裂，消费、投资、出口遭受严重打击，商业、旅游、航空等产业降至冰点，各国失业率急剧上升。2020年3月，欧元区消费者信心指标下降到2014年11月以来的最低点，仅为-11.6。作为经济发展主力的欧盟企业，对未来的经济走势失去信心，投资动力严重不足。按照欧盟统计数据，欧元区 2020 年 3 月综合 PMI 指数降至近 20 年来最低，服务业 PMI 远低于 50％的荣枯线，仅为 28.4，制造业 PMI 低于荣枯线 5.2，仅为 44.8。欧盟贸易既包括欧盟内部各成员国之间的贸易，也包据欧盟与外部经济体之间的贸易。以德国、法国为核心的欧盟内部贸易体系的稳定发展对欧盟经济而言非常重要。数据显示，欧盟成员国约六成的进口、出口都发生在其内部市场。然而，新冠肺炎疫情防控不力造成物流、人流、资金流严重不畅，致使欧盟内部大多数成员国市场需求明显萎缩，导致供应链、产业链出现断裂，欧盟内部市场受到严重冲击。再就外部贸易看，2020 年欧盟对外贸易增长率跌至 2008 年国际金融危机以来的最低水平。不断蔓延的疫情，各国断断续续的封城举措，严格的出入境管制，造成欧盟商业、旅游、航空等服务性产业急剧萎缩，对 2020 年的欧盟经济造成了严重负面影响。

随着疫情防控预算的增加和下一步大规模经济援助计划的推行，欧盟经济将开始好转，但伴随而来的主权债务风险也将显著上升。目前，欧盟成员国纷纷实施宽松的财政政策，推行大规模的经济援助计划，建立国家援助临时框架，采用直接补助、降税减费、贴息贷款、担保等调控方式。这些举措在有利于疫情防控、稳定经济的同时，必然带来成员国主权债务的大幅增长，若下一阶段经济复苏乏力，甚至陷入衰退，则很可能造成主权债务集中违约，引致新的主权债务风险。

二、欧盟经济展望

尽管新冠肺炎疫情使欧盟经济遭受严重冲击，经济出现负增长，但是，欧盟经济复苏与正增长的潜能仍然具备，欧盟经济基础依旧牢固，市场仍然广阔。其一，欧盟 27 国拥有许多实力强劲的大企业。按照《财富》杂志发布的世界 500 强排行榜单，2015 年欧盟经济体有 29 家企业排在榜单前 100 名。其二，欧盟经济具有较强的研发创新能力，仍具有强大的竞争力。按照世界经济论坛发布的《2014—2015 年全球竞争力报告》，欧盟成员国中芬兰名列第四，德国名列第五，荷兰排名第八，瑞典排名第十。前十位中欧盟国家就占据四个，由此可以看出欧盟仍然是全球最具竞争力的经济体。其三，欧盟经济体市场成熟度高，产业结构较为高级，在全球产业链分工方面占据上游，先进制造业在工业中的比重较高，服务业发达，劳动力素质较高，金融市场发达，技术研发创新能力强，特别是几个欧盟主要经济体，如德国、法国、意大利、荷兰、瑞典等国家，在名优品牌、高新技术、管理经验等方面具有显著优势。另外，量化宽松的货币政策、规模庞大的经济援助计划、与新兴国家良好的贸易投资关系以及英国脱欧贸易协议的顺利达成，都成为疫后欧盟经济复苏与增长的有利因素。

2021 年 2 月，欧盟委员会发布了 2021 冬季经济预测报告 *Winter 2021 Economic Forecast: A challenging winter, but light at the end of the tunnel*，这份报告列出了欧盟 27 个成员国经济复苏的时间表。每年欧盟委员会都会定期发布至少两次经济预测报告，主要关注欧盟、欧元区、欧盟各成员国、美国、中国、日本等全球主要经济体近期经济发展情况和走势，为欧盟相关机构决策提供参考。此次发布的预测报告在综合考虑了有所缓解的新冠肺炎疫情、各国正在推进的疫苗接种计划、渐渐放开的防控措施等因素后，认为随着产业链、供应链的逐步恢复，消费、投资、国际贸易的迅速回升，欧盟经济恢复的速度会快于预期。基于当时疫情的严重态势，研究团队在上次预测报告中曾经认为欧盟经济将陷入史无前例的衰退，其程度甚至将超过 1929 年至 1933 年的美国经济大萧条。此次预测报告估计，2021 年、2022 年欧盟经济将分别增长 3.7% 和 3.9%，欧元区经济在未来两年里将平均增长 3.8%，而通货膨胀率将有所上升，从 2020 年的 0.3% 上升到 2021 年的 1.4%，并在 2022 年下降至 1.3%。总体来讲，这份预测报告估计欧盟经济、欧元区经济水平将比此前预计更早恢复至新冠肺炎疫情前的水平，通货膨胀率将略微上涨，但是其经济总体上仍会持续疲软。

数据表明，欧元区 2021 年 2 月份和 3 月份的制造业采购经理人指数（PMI）分别为 57.9、62.5，都超过了荣枯线，尤其是 3 月份数据超过了 12.5，预示着欧盟制造业正克服新冠肺炎疫情困难开始复苏。为了实现经济更快的恢复，更强的反弹，欧盟应当高度重视疫苗接种，重视积极政策的运用，同时重视应对贸易保护主义、英国脱欧、主权债务等风险因素，减少全球资本市场动荡对市场预期及未来经济的负面影响。

第二节　欧盟开放发展的新特征

一、欧盟开放发展现状

（一）对外贸易情况

按照统计数据，欧盟 27 国整体 2019 年对外出口 21323 亿欧元，同比上升 3.5%，进口达 19320 亿欧元，同比增幅 1.3%，全年对外贸易额增长 2.4 个百分点，达到 40643 亿欧元，全年顺差 2003 亿欧元，增速较高，达到 31.9%。2019 年，由于英国已正式"脱欧"，英国成为欧盟第三大贸易伙伴，美国和中国仍为欧盟前两大贸易伙伴。其中，美国占比 15.2%，中国占比 13.8%，英国占比 12.6%。从欧盟出口市场来看，2019 年美国占比最高，为 18%，英国次之，占比 14.9%，中国排在第三位，比重达到 9.3%。从欧盟进口来源地来看，中国是其最大进口来源地，占比达到 18.7%，而分列第二、三位的美国和英国所占比重依次为 12%、10%。从对华贸易来看，欧盟 27 国 2019 年度同中国双边货物贸易额同比增速为 5.6%，规模达到 5596 亿欧元。其中，欧盟对中国出口增速为 5.5%，金额为 1983 亿欧元，欧盟 2019 年从中国进口较上年度增长 5.7%，金额达 3613 亿欧元，全年欧盟对华贸易逆差 1630 亿欧元，逆差相较上年度增长 5.9%。

2020 年欧盟对外贸易额为 36459 亿欧元，相较 2019 年下降 10.3%。其中，欧盟对外出口额为 19316 亿欧元，进口额为 17143 亿欧元，相较 2019 年分别下降 9.4%、11.6%。需要强调的是，2020 年中国首次取代美国成为欧盟最大贸易伙伴，中欧货物贸易在新冠肺炎疫情下逆势双向增长。数据表明，2020 年欧盟 27 国整体对华出口货物 2025 亿欧元，自华进口货物 3835 亿欧元，相较上年分别增长 2.2%、5.6%。2020 年度欧美贸易却双向下降。按照统计数据，2020 年欧盟对美国进出口货物分别为 2020 亿欧元、3530 亿欧元，比 2019 年分别下降 13.2% 和 8.2%。2020 年，排在中美之后的欧盟第三到第十大贸易伙伴分别是英国、瑞士、俄罗斯、土耳其、日本、挪威、韩国和印度。数据表明，在欧盟 2020 年前十大贸易伙伴中，欧盟对其出口同比大幅下降的为美国（－8.2％）、英国（－13.2％）、俄罗斯（－10％）、日本（－10.8％）、印度（－15.7％），而欧盟 2020 年从该国进口额同比大幅下降的为美国（－13.2％）、英国（－13.9％）、俄罗斯（－34.3％）、日本（－12.7％）、韩国（－7.0％）、印度（－16.4％）。总之，除中国外，其他九大贸易伙伴对欧进出口都同比下降。可见，中国是欧盟 2020 年前十大贸易伙伴中唯一保持进出口双向正增长的国家，这充分体现了中欧经贸合作的强劲韧性。

最近十多年来，欧盟经济需求不足，增长动力不强，经济复苏较为缓慢。尽管如此，十多年来欧中贸易在多数年度里仍然实现了正增长，保持了较快的发展速度。截至 2020 年，欧盟已连续 16 年成为中国第一大贸易伙伴，中国则从 2005 至 2019 年连续 14 年为欧盟第二大贸易伙伴，而且 2020 年已超越美国成为欧盟第一大贸易伙伴。在十多年里，欧中互为对方第一大进口来源地。2004 年 5 月 1 日，随着波兰、捷克、斯洛文尼亚、马耳他、塞浦路斯、匈牙利、斯洛伐克、爱沙尼亚、立陶宛、拉脱维亚十国的正式加入，欧盟成员扩容为 25 国。自那时起，欧盟开始由中国第三大贸易伙伴上升为第一大贸易伙伴，贸易额开始超越美国和日本。近年来，中欧之间货物贸易年度总额常常维持在大约 6000 亿美元的规模，据测算，平均每分钟贸易额就达到一百万美元以上。从年度增长率来分析，2010—2018 年，中欧贸易额年均增长率约为 4.5％，既高于同一时期欧盟对外贸易额 2.8％的年均增长率 1.7 个百分点，也超出同一时期全球贸易额 3.2％的年均增长率 1.3 个百分点。2017 年中欧贸易增长率达12.7％，2018 年中欧贸易增长率为 10.6％，连续两年维持了两位数的高增长。2019 年，由于受到贸易保护主义的不利影响，中欧贸易额增速大幅缩减，仅增长了 3.4％，但是与同一年中美贸易 10.7％的下降幅度相比，已属逆势增长了。再从服务贸易维度来分析，近年来增速也较快，而且快于同一时期双方货物贸易增速。2011—2017 年，就服务贸易出口增速而言，欧盟对华年均增长率大约为 14.5％，远高于同一时期欧盟对外服务贸易出口增速。而且，多年来，在对华服务贸易方面，欧盟一直保持着出口额远超过进口额的顺差地位。按照欧洲统计局发布的数据，2017 年欧盟在对华金融服务、计算机服务、知识产权服务、教育及旅游服务等领域占有较大顺差优势。2018 年，欧盟对华服务贸易继续保持顺差，金额为212亿欧元左右，相比2017年增加31.2％。可见，中欧贸易互补性强，欧盟从双方服务贸易领域获得了巨大的实惠。

（二）对外投资情况

长期以来，美国、瑞士和加拿大是欧盟的主要投资目的地国，美国、瑞士、加拿大和日本是欧盟的主要投资来源国。截至2014年年底，欧盟对美国对外直接投资存量为19850亿欧元，占欧盟对外直接外资存量的35％，欧盟对瑞士对外直接投资存量为6320亿欧元，占欧盟对外直接外资存量的11％，欧盟对加拿大对外直接投资存量为2750亿欧元，占欧盟对外直接外资存量的5％。截至2014年年底，美国对欧盟投资存量18110亿欧元，占欧盟吸收外资总存量的40％，瑞士对欧盟投资存量5090亿欧元，占欧盟吸收外资总存量的11％。按照欧盟统计局公布的数据，2016年欧盟对外直接投资大幅下降，仅为1860亿欧元，与上一年度相比下降68％。2016年吸引国外直接投资规模也大幅减少，为2800亿欧元左右，与上一年度相比减少41％。其中，来自美国的直接投资金额约为54亿欧元。数据显示，截至2017年年底，欧盟各成员国对盟外国家或地区的直接投资存量约为7.4万亿欧元，而世界其他国家或地区对欧盟各成员国的直接投资存量达6.3万亿欧元左右。2018年，欧盟与世界其他地区的双向投资整体回流。欧盟以外地区的外国直接投资净流出为－600亿欧元，与2017年的3010亿欧元形成鲜明对比。欧盟以外的直接投资者对欧盟市场的撤资更为明显，约有2050亿欧元的外国直接投资流入被移除，几乎抵消2017年欧盟以外的外国直接投资流入。

欧盟和中国都是当今世界的重要经济体，体量大，经济韧性强。改革开放以来，中欧双向投资发展快速。在改革开放初期，中国对欧盟直接投资很少，而欧盟对华直接投资却迅速增加，投资结构、投资形式也呈多样化特点。近十多年来，欧盟对华直接投资规模仍然保持稳定增长趋势。根据相关统计数据，欧盟2018年对华直接投资实际投入金额为104.2亿美元，第一次跨过100亿美元大关，相比2009年，增幅达103％，在2017年的基础上上升25.7％。欧盟对华直接投资额占当年中国吸收外资总量的比重也由2009年的5.5％增加到2018年的7.7％，提高了2.2个百分点。2018年，欧盟在中国新开设2425家外商投资企业，比十年前的2009年上升61％，与上年相比上升33.5％，在

2018 年中国外商新设项目总数中所占的比重达 4.3%。数据显示，截至 2018 年年底，欧盟在华企业家数已达 16000 多家，对华投资项目数量已超过 4.72 万个，对华实际投资金额累计约为 1306.5 亿美元。2019 年，欧盟对华直接投资金额继续增加，截至该年年底，累计金额已超过 1379 亿美元。随着中国经济的发展，开放力度的加大，营商环境的进一步改善，欧盟对华直接投资将继续保持上升趋势。中国欧盟商会 2020 年发布的一份报告显示，中国欧盟商会中近四成会员 2019 年收入在上一年基础上增加 20%，超过一成的会员在华业务有着更高的实际增长率。另外，按照中国欧盟商会 2020 年所发布的一份有关对华商业信心调查的报告，大约有六成的中国欧盟商会会员表示愿意增加投资或更有可能增加投资，其中近 1/2 的会员表示准备将 5% 至 10% 的年收入进行再投资，近 1/3 的会员表示将会有更大的投资力度。再来看近年来中国对欧盟的直接投资情况。改革开放以来，随着中国经济的不断发展，国内生产总值的快速增加，中国企业开始走向海外，也开始大量投资欧盟，投资规模、速度快速增加，投资领域越来越宽。中国对欧盟投资的快速增加进一步促进了双方经贸关系的发展，有力地促进了双方在商业、基础设施、物流、体育、制造业等领域的合作。根据有关统计数据，2008 年中国对欧盟投资额约为 4.67 亿美元，2011 年这一金额已上升到 75.61 亿美元，三年期间增长迅猛，爆发式增长了 15 倍。在中欧双向投资中，2010 年前欧盟对华投资额一直多于中国对欧盟的直接投资，但自 2010 年起，中国对欧盟的投资开始出现超过欧盟对华投资的情形，中欧双向投资状况开始出现实质性变化。2014 年起，中国对欧盟投资额已接近 100 亿美元，2017 年开始超过 100 亿美元。中国企业常采用对外并购的投资方式对欧盟进行投资，德国、法国、意大利等国是中国企业对外并购主要目的地。2018 年，中国企业在德国、法国的海外并购发生额分别为 130 亿美元和 60 多亿美元，远高于当年中国企业对美国仅仅 30 亿美元的投资。德国和法国也因此成为当年中国海外并购的第一和第二大目的地。截至 2018 年年底，中国在欧盟所有成员国中都已开设直接投资企业，企业设立数已超过 3000 家，累计投资额达 907.4 亿美元，在中国对发达国家累计投资中所占比重已达 37.3%。2019 年，中国对欧盟直接投资存量已达到 1143.8 亿美元。欧盟中国商会与罗兰贝格企业管理咨询公司联合发布的 2020 年建议报告《迅捷行动，共创未来》指出，近年来，中资企业在欧业务实现了数量与规模上的双重提升。2013 年至 2019 年间，中资企业在德国、意大利、荷兰等欧盟主要国家的数量年均复合增长率超过 10％。截至 2019 年年底，中国累计对欧盟直接投资规模已达 1021 亿美元，在欧盟所有成员国都开设有超过 3200 家直接投资企业，欧盟已成为中国企业对外投资的重要目的地。从投资行业结构角度分析，近年来中资企业在欧投资领域越来越宽，在采矿业、工业制造业、基础设施、批发和零售业、金融业、租赁和商务服务业等多个行业均有投资。从投资地域结构分析，中国对欧盟投资已覆盖所有欧盟成员国，主要为德国、法国、荷兰、意大利、西班牙、卢森堡、葡萄牙、瑞典、爱尔兰等国家。从投资比重角度分析，中欧双向投资仍存在较大的增长潜力，数据表明，当前中国对欧盟 27 国直接投资存量为 2551 亿欧元，仅占欧盟吸引外资总量的 3.6％左右，为欧盟第六大投资来源地，而欧盟对中国投资只占中国吸引外资的 5％左右。

二、欧盟开放发展的新特征

（一）营商环境不确定性增加，贸易保护主义上升

营商环境包括政务环境、法治环境、市场环境以及社会环境，涉及市场主体的准入、经营、投资、融资以及退出过程，与市场主体的活动息息相关。近年来，伴随着美国贸易保护主义的抬头，逆全球化思潮涌动，欧盟及部分成员国营商环境指数不升反降，投资自由化主张有所动摇。欧盟及其部分成员国开始通过滥用贸易救济措施、加强国家安全审查、提高外资准入门槛等方式过度规制干扰市场主体经营活动。世界银行发布的《2020 年营商环境报告》显示，大部分欧盟成员国的营商环境指标排在 30 名之后，尤其是在开办企业这一指标上，欧盟各成员国表现不理想。资料显示，与 2019 年相比，中资企业对欧盟营商环境总体评价有所下降，但仍将欧盟视为全球重要市场。营商环境趋差，必将增加市场主体交易成本，影响投资者进入欧盟投资的信心。近年来，欧盟在外资准入、产品标准、数据保护、5G 商用、数字经济等领域不断出台法律法规，对市场主体经营行为进行多方面限制。过度强调的安全审查增加了外资投资的难度，频繁变动的产品标准打乱了市场主体的研发节奏，歧视性监

管破坏了竞争的公平，持续加码的保护主义降低了外资进入的信心。

（二）对外贸易和投资协定中强调有效、透明、价值三个基本原则

2015年10月，欧盟发布的《贸易惠及所有：迈向更负责任的贸易和投资政策》强调，欧盟未来贸易和投资政策应当遵循的三个基本原则为有效性（effectiveness）、透明度（transparency）和价值观（values）。有效性就是要求贸易和投资政策在确保贸易和投资创造新的商业机会的基础上，解决包括人员跨境流动、数字贸易和服务贸易在内的问题。同时，还主张贸易和投资政策要尤其为消费者、中小企业和工人提供机会，尽可能惠及更多人，以适应新的开放市场。所谓透明度，则强调应当将更多贸易和投资谈判过程向公众开放，有关谈判结果要公开，置于公众监督之下，以最大限度地维护公众的知情权，像公布"跨大西洋贸易与投资伙伴协定"（TTIP）谈判文件一样公布欧盟所有贸易投资谈判的重要谈判文本。透明度原则意味着未来欧盟贸易和投资协定的谈判过程将更加公开化。所谓价值观，即欧盟贸易和投资政策要维护欧洲社会监管模式。以贸易投资协定和优惠贸易安排为平台，在全球推广欧洲价值观。价值观原则决定以后欧盟在缔结贸易和投资协定时将更加强调人权保护，更加重视劳工权益保护，更加重视环境保护，更加强调公共利益的决策权力和贸易的公平性。有效性、透明度、价值观三原则也体现了欧盟主导的国际经贸新规则的主要特征。长期以来，在普惠制、自贸协定、投资条约中，欧盟常常加入所谓的人权保护条文，宣扬其人权观念。就在2021年3月，欧盟以所谓的新疆人权问题为借口对中国有关个人和实体实施单边制裁，对中欧经贸关系造成了严重负面影响。按照欧盟贸易与投资政策的价值观原则，反腐败条款也将被写入未来的贸易投资协定中。另外，借助对外贸易投资政策推广其价值观，甚至利用有关条款制裁他国，强调贸易投资政策的有效性和透明度也是目前欧盟对外开放政策的一大特征。

（三）强调引领国际贸易投资规则的话语权

伴随欧盟经济的发展，欧盟越来越强调在国际贸易、投资、金融等领域的话语权，越来越重视国际经贸规则的引领。2015年10月发布的文件《贸易惠

及所有：迈向更负责任的贸易和投资政策》中也有所体现。在该份文件里，欧盟尤其倡导东道国规制权。其含义大致是，当东道国政府在管理外商投资时，东道国政府为了满足集体或公众的利益保留一定的政策空间，私人利益不能损害公共利益，其目标是纠正市场失灵。东道国规制权实质上是在坚持外资保护、积极引进外商投资的同时，维护东道国经济主权。随着欧盟逐渐成为外资投资目的地，欧盟越来越强调保留东道国规制权，在国际贸易与投资政策中越来越重视规制权的运用和倡导。另外，欧盟在贸易与投资新政策中，还承诺要在全球引领投资者诉东道国投资仲裁这一制度的改革，以推动现有国际投资争端解决机制朝着更加透明、更加公正的方向变革。当前，在逆全球化思潮暗流涌动的背景下，欧盟越来越重视自贸区等区域合作平台的作用，因而，自贸协定谈判、双边投资协定谈判等区域合作谈判已经成为全球贸易与投资规则之争的主战场，成为欧盟、美国及其他新兴经济体争取国际经贸规则制定话语权的重要舞台。欧盟不仅希望借助贸易和投资协定获取更多的经济利益，更希望借助贸易和投资协定提升其话语权，增强其在全球的影响力。

（四）努力增强与亚太国家的贸易与投资联系，重视"转向亚洲"

规划未来欧盟对外贸易与投资谈判是 2015 年 10 月发布的欧盟贸易和投资新政策文件的重要内容。该份文件表明，欧盟高度重视与亚太国家的双边自贸协定谈判。从全球经济演变来看，亚太地区在未来很长时期内将是全球最具活力的地区，在世界政治和经济版图上将会越来越重要。因此，除了美国日益转向亚洲外，欧盟也开始努力增强与亚太国家的经济联系，把亚太作为其未来贸易与投资的重点区域，并期望不断提升其在亚太地区的经济地位。目前，欧盟已经与亚太地区的多个国家缔结自贸协定，如韩国、新加坡、越南等，并正与中国、缅甸等国家进行双边投资协定的谈判与协定条款的落实工作，正重启与东盟缔结区域层面的自贸协定，计划开启与菲律宾、印度尼西亚的自贸协定谈判。此外，在亚太的其他领域，与澳大利亚、新西兰缔结自贸协定也将是欧盟未来工作的重点。通过这些战略举措，欧盟正努力增强与亚太国家的贸易与投资联系，重视"转向亚洲"。

第三节　促进四川与欧盟贸易与投资的发展

2020 年 12 月 30 日晚，中欧领导人共同宣布如期完成中欧投资协定谈判，实现了年内完成中欧投资协定谈判的预期目标，达成了一份平衡、高水平、互利共赢的投资协定。作为中国内陆开放的新高地，作为"一带一路"开放的前沿阵地，四川要进一步扩展国际视野，放眼亚欧大市场，紧紧抓住中欧投资协定带来的新机遇，加快四川与欧盟及其成员国之间的贸易与投资发展，加快形成四川以国内大循环为主体、国内国际双循环相互促进的新发展格局。

一、四川与欧盟贸易与投资的现状

改革开放以来，四川坚持把欧盟作为其重要的外贸对象及外资主要来源地。尤其是近年来，四川对欧盟贸易规模不断扩大，增速较高，呈现出良好的发展势头。按照四川商务局公布的数据，2020 年上半年，尽管受到新冠肺炎疫情的严重冲击，四川对欧盟进出口仍继续保持增长势头，进出口金额高达689.8 亿元，增速高达 39%，增速明显，其中对波兰的进出口总额在上年基础上增长 2.9 倍。同期数据显示，四川对美国、东盟、日本的进出口金额分别为748.4 亿元、732.1 亿元与 228.8 亿元，增速分别为 0.3%、25.4%、24%。可见 2020 年上半年四川对美国进出口增速较低，而对欧盟、东盟、日本进出口增速均较高。再来看看 2020 全年进出口数据，2020 年四川货物进出口总额创历史新高，首次超过 8000 亿元，达到了 8081.86 亿元，与上一年相比增长19%。其中出口额 4654.33 亿元，进口额 3427.53 亿元，全年出口增速与进口增速分别为 19.2%、18.8%。2020 年，美国、欧盟与东盟是四川前三大贸易伙伴，其中四川与美国进出口占比为 21.3%，与欧盟进出口占比为 20.3%，与东盟进出口占比为 19.4%。可见，欧盟是四川仅次于美国的第二大贸易伙伴。近年来，欧盟企业也积极投资四川。2019 年 9 月，中德欧盟标准生猪屠宰和肉食品加工产业一体化项目落户四川眉山，标志着西南地区最大的生猪屠宰和肉食品加工项目建设正式启动。在 2020 年 11 月举行的中欧投资便利化论坛上，SynSense 时识科技全球运营总部、法国优普集团中西部运营中心等中欧区域经济合作项目签约落户成都高新区，总投资额达 6.6 亿元。

二、四川与欧盟贸易和投资面临的机遇

随着中欧投资协定谈判的如期完成，以及中欧地理标志保护与合作协定的正式生效，中欧贸易与投资将迎来继续扩大的新机遇。四川应当抓住机遇，以对外战略通道为重要支撑，加强与欧盟的经贸联系，大幅提升四川对外开放水平，进一步促进四川与欧盟在电子信息、装备制造、能源化工、绿色环保、先进材料、食品饮料、数字经济等领域的合作，大力促进四川经济发展。

第一，中欧全面投资协定（CAI）的达成有助于四川与欧盟贸易与投资的扩大。2020 年 12 月 30 日晚，习近平主席同德国总理默克尔、法国总统马克龙、欧洲理事会主席米歇尔、欧盟委员会主席冯德莱恩通过视频会晤共同宣布如期完成中欧投资协定谈判。协定的达成，不仅将推动中欧全面战略伙伴关系迈向更高水平，而且可以有力拉动新冠肺炎疫情之后世界经济的复苏，增强国际社会对经济全球化和自由贸易的信心。中欧投资协定谈判完成为地处内陆开放新高地的四川深度融入全球产业链和供应链，加速构建高质量的"双循环"新格局提供了新契机。随着"一带一路"倡议的不断推进，四川与欧盟及其成员国的地理时空优势不断彰显，中欧班列的开通与加密，西部陆海新通道的建设，使得四川与欧盟及其成员国的陆上经济联系更加紧密。四川应当凭借这些有利条件，抓住中欧投资协定带来的良好发展机遇，进一步扩大川欧贸易与投资规模。

第二，中欧地理标志保护与合作协定的签订与正式生效有助于四川与欧盟的贸易与投资发展。2020 年 9 月 14 日，商务部部长钟山与德国驻华大使葛策、欧盟驻华大使郁白正式签署了《中华人民共和国政府与欧洲联盟地理标志保护与合作协定》。该协定主要规定了地理标志保护规则和地理标志互认清单等内容。其中四川泡菜、安溪铁观音、五常大米等我国第一批 100 个知名地理标志已在协定正式生效后获得了欧盟的保护，有效阻止了仿冒等侵权行为的发生。四川拥有丰富的地理标志产品，首批纳入中欧地理标志保护与合作协定的产品就有 11 件，包括宜宾五粮液、郫县豆瓣、安岳柠檬、宜宾芽菜、苍溪红

心猕猴桃、涪城麦冬、蒲江雀舌、峨眉山茶、剑南春酒、四川泡菜和纳溪特早茶等。另外，第二批中欧双方各175个地理标志也将于协定生效之日起四年内完成相关保护程序，其中包含了代表四川传统文化的蜀锦、蜀绣等，这也是欧盟第一次在相关协定中纳入此类地理标志产品。按照协定，我国相关地理标志产品有权使用欧盟的官方标志。中欧地理标志保护与合作协定可为中欧双方地理标志产品提供高水平的保护，从而为四川优质特色产品进入欧盟市场消除后顾之忧，有利于四川相关特色产业的发展，同时也有利于欧盟相关优质特色产品进入四川，促进四川与欧盟的贸易往来与双向投资。

第三，欧盟复苏计划有助于四川与欧盟加强绿色领域与数字经济等方面的合作。欧盟经济遭受到了新冠肺炎疫情的严重打击，各成员国经济几乎停滞。为了让经济早日复苏，摆脱新冠肺炎疫情的负面冲击，协调引导各成员国行为，2020年5月27日欧盟委员会提出了"欧盟复苏计划"（"Recovery Plan for Europe"）。欧盟复苏计划意图通过协调引导各成员国行为，促进绿色经济、数字经济的发展，推动欧盟经济复苏并转型升级，确保实现"均衡、包容、公平、可持续"的发展愿景。欧盟复苏计划有助于四川与欧盟加强绿色经济与数字经济合作。近年来，四川省把推进绿色发展、数字转型融入实施"三大发展战略"、推进"两个跨越"的各方面和全过程。借助国内技术优势，四川可以继续加强光伏、电池、数字应用、电动汽车产业的投入，进一步做大做优绿色产业、数字产业，同时，加强与欧盟及其成员国的合作，充分利用欧盟复苏计划带来的机会。

三、对扩大四川与欧盟贸易与投资的建议

（一）继续将稳外贸作为四川统筹疫情防控和经济社会发展的重要内容

虽面临新冠肺炎疫情的冲击，2020年四川外贸仍然取得了显著成绩，进出口总额首次突破8000亿元。下一步四川应当继续将稳外贸作为四川统筹疫情防控和经济社会发展的重要内容，紧紧围绕加快形成以国内大循环为主体、国内国际双循环相互促进的新发展格局，继续夯实产业基础、强基固本，承接

东部转移、扩大增量，扩大与包括欧盟在内的主要贸易伙伴的贸易与投资机会、扶持发展，强化平台建设、补链强链，建设海外平台、建立支点，抓好订单管理、释放产能，加大政策支持、塑造环境，细化运行监测、掌握动向，切实稳住四川全省外贸发展基本盘。

（二）抓住中欧全面投资协定和中欧地理标志保护与合作协定带来的契机，推进四川与欧盟贸易投资快速发展

正如习近平总书记所说，中欧全面投资协定的批准实施，将给中欧相互投资提供更大的市场准入、更为优化的营商环境、更为有力的制度保障、更为光明的合作前景。已经正式生效的中欧地理标志保护与合作协定是中欧经贸领域的又一重要成果，是中国对外商签的第一个全面、高水平的地理标志保护双边协定。该协定涉及酒类、茶叶、农产品、食品等货物贸易，能够有效阻止仿冒等侵权行为的发生，提升相关产品知名度，扩大相关产品在对方市场的占有率，从而促进中欧贸易发展。处于中国内陆开放新高地的四川应当采取积极措施，抓住中欧全面投资协定（CIA）与中欧地理标志保护与合作协定带来的契机，加快推进其与欧盟贸易与投资进一步发展。为此，一是要加大对欧盟企业招商引资力度。要按照四川高质量发展要求，营造良好的投资环境，有选择地引进欧盟的先进技术和设备，引进绿色投资，加快四川工业化进程，推动工业强省战略的实施；二是要引导和促进川内欧盟出口企业加大创新力度，提高其产品的技术含量，提升其出口产品的质量档次，巩固并提高其欧盟市场份额；三是要对纳入中欧地理标志保护的产品加强支持和监管，以推动其品牌建设。对于首批纳入保护的 11 件产品加强宣传，提高其在欧盟市场的知名度，以进一步提高在欧盟的出口额；四是要充分发挥行业协会的沟通、协调、信息共享等功能，帮助出口欧盟企业及时了解欧盟市场信息，开拓欧盟市场；五是要进一步提高四川外贸企业应对欧盟绿色壁垒的能力。要加强对欧盟技术标准的研究，加强对欧盟绿色环保政策的解读。

（三）积极对接欧盟复苏计划，加强双方数字经济与绿色发展合作

欧盟中国商会报告显示，数字经济和绿色发展是在欧中资企业最为关注的议题，中资企业在相关领域的丰富经验、领先技术和开放态度将有力推动欧盟实现传统产业的转型升级。罗兰贝格全球管理委员会联席总裁戴璞表示，新一届欧盟委员会尤为重视绿色新政、数字化转型、欧洲经济及科技主权、就业增长等方面的议题。借助中国庞大的数字经济市场和先进的技术基础，在川优秀企业应当积极参与到欧盟数字经济、绿色经济的发展中，在这些领域贡献力量，促进四川与欧盟的经贸与投资合作，促进欧中双方绿色经济和数字经济的深入合作，推动全球经济的复苏。

（四）进一步破除盆地意识，加快成为国内国际双循环链接的内陆新高地

作为新一轮中国对外开放的内陆前沿，下一步四川要进一步破除盆地意识，加快成为国内国际双循环链接的内陆新高地。为此，一是要扩展国际视野，用好中国（四川）自贸试验区平台，按照党的十九大报告所指出的积极探索建设四川特色的自由贸易港，进一步开拓亚欧大市场，发展更高层次的开放型经济；二是要进一步做强做优四川电子信息产业、汽车制造业、装备制造业、轨道交通等规模优势产业，以头部企业为引领，推动产业链的垂直整合，促进优势产业的集群发展，争取打造世界级电子信息和装备制造产业集群；三是要积极招引全球领先企业，主动走出去招商，把招引先进产业链、高新技术企业作为新时期引资工作的重点，推动四川产业链供应链的现代化；四是要全力支持四川优势企业"走出去"，以海外投资带动贸易发展和技术进步，提高四川企业在全球行业领域的话语权；五是要进一步推进西部陆海新通道建设，发挥双空港、中欧班列等物流优势，构建面向欧亚的空铁海多式联运体系。

（五）积极营造四川优质便利的"开放生态"，提升招商引资优势，提高对欧开放水平

近年来，在四川省委、省政府的正确领导下，四川全力推进"开放生态"建设，致力打造法制化、国际化、便利化的营商环境，不断提升对外开放层次与水平，构建更高水平的开放型经济。在注重内外通道建设，改善对外开放硬环境的同时，近年来四川更加重视开放软环境建设。2018年6月，四川省政府办公厅发布《四川省进一步优化营商环境工作方案》，提出要综合运用新技

术新手段，推进政府服务方式和监管模式创新，加快推进"最多跑一次""互联网＋政务服务"等改革事项，进一步优化营商环境。2019 年四川省政府工作报告中先后 3 次提到"营商环境"一词，报告中"2019 年重点工作安排建议"部分还提出 2019 年要"开展'营商环境提升年'活动"，提出要"抓紧建立符合国际规则的营商环境指标体系和评价机制"，提出要进一步简政放权，创新监管，优化服务。

参考文献 CANKAOWENXIAN

陈游. 英国监管沙盒制度对我国金融科技监管的启示 [J]. 中国内部审计, 2019 (5): 89-93.

杜芳, 欧阳梦云. 优化稳定产业链供应链 推动经济高质量发展 [N]. 经济日报, 2020-07-03 (11).

方映灵. 深圳在改革开放中的体制创新: 贡献与经验 [J]. 特区实践与理论, 2019 (2): 87-91.

傅士华. 上海国际金融中心涉外金融税收制度的需求与供给 [J]. 科学发展, 2019 (10): 22-31.

国家发展改革委对外经济研究所课题组. 中国推进制度型开放的思路研究 [J]. 宏观经济研究, 2021 (2): 125-148.

黄登武. 把优化营商环境作为"头号工程"——论全面推动四川高质量发展 [J]. 四川党的建设, 2018 (23): 10.

匡后权. 推动四川民营企业创新发展研究 [J]. 技术与市场, 2020 (11): 28-30.

李杰, 谢商华. 加强知识产权保护 塑造良好营商环境 [J]. 四川省情, 2019 (10): 60-61.

李晓渝. 奉行"亲商"令新加坡成投资热土 [J]. 决策探索 (上), 2019 (7): 79-80.

刘中起, 等. 社会治理现代化视野下的基层政府职能改革——以上海市街道自治办改革为例 [J]. 社会治理, 2020 (10): 71-78.

柳荣. 新物流与供应链运营管理 [M]. 北京: 人民邮电出版社, 2020: 82-132.

四川省统计局. 2020 年四川省国民经济和社会发展统计公报 [EB/OL]. (2021-03-14). http://tjj.sc.gov.cn/scstjj/c105897/2021/3/14/33078fa2ab4e4877a972bfdfcf68a171.shtml.

宋博. 成都: 多方面营造国际化营商环境 [J]. 商业观察, 2019 (7): 36-37.

唐京. 法治化营商环境背景下公平竞争审查机制探究——以四川实践为例 [J]. 法制与社会, 2020 (28): 63-64.

唐文金. 成渝地区双城经济圈建设研究 [M]. 成都: 四川大学出版

社，2020.

魏红英. 深圳大部制改革与地方政府体制创新［J］. 特区实践与理论，2011（5）：41.

文学，黄梅. 四川：多措并举优化营商环境［J］. 国家电网，2019（4）：26—27.

谢志成. 提升产业链供应链稳定性和竞争力［J］. 唯实，2020（9）：7—9.

杨继瑞，周莉. 优化营商环境：国际经验借鉴与中国路径抉择［J］. 新视野，2019（1）：40—47.

张楠迪扬. 京津冀一体化视角下的雄安新区行政体制机制创新［J］. 国家行政学院学报，2017（6）：82—86.

朱勤皓. "社区云"：社区治理智能化的上海模式［J］. 中国民政，2021（4）：40—42.

邹婷，等. 四川营商环境持续优化　审批改革仍需加深［J］. 四川省情，2019（4）：61—62.

后记 HOUJI

　　十九届五中全会开启了社会主义现代化建设的新征程，新阶段、新理念、新格局是我国引领建设社会主义初级阶段后半段的总纲，构建以国内大循环为主体、国内国际双循环相互促进的新发展格局是实现经济现代化的路径选择。2020年，成渝地区双城经济圈建设上升为国家战略，这是我国构建新发展格局的一项重大举措，对加快推进四川实现高水平开放、促进四川高质量发展提出了新的要求。

　　本书紧扣四川发展的时代命题，力求围绕四川推进高水平开放进行一定的理论思路拓展和路径选择探索。因编者能力有限，本书可能存在一些疏漏及错误，恳请读者谅解。

　　本书的提纲设计由许彦完成，并负责全书审稿修改。具体内容写作情况如下：导论由许彦教授撰写，第一章由丁英教授撰写，第二章由陈钊教授撰写，第三章由孙婷婷撰写，第四章由王伟副教授撰写，第七章由李静、徐苗撰写，第八章由封宇琴撰写，第九章由黄绍军副教授撰写。